RÉGLEMENTATION

DU

TRAVAIL DANS L'INDUSTRIE

LOIS — DÉCRETS — ARRÊTÉS

(Septembre 1902)

BERGER-LEVRAULT & Cie, ÉDITEURS

PARIS	NANCY
5, RUE DES BEAUX-ARTS, 5	18, RUE DES GLACIS, 18

1902

TABLE

I. — Travail des adultes.

Pages.

Décret-loi du 9 septembre 1848, relatif aux heures de travail dans les manufactures et usines, modifié par la loi du 3o mars 1900............... 5

Décret du 28 mars 1902, qui apporte des exceptions à l'article 1er de la loi du 9 septembre 1848, modifié par la loi du 3o mars 1900............ 5

II. — Travail des enfants, filles mineures et femmes.

Loi du 2 novembre 1892, sur le travail des enfants, des filles mineures et des femmes dans les établissements industriels, modifiée par la loi du 3o mars 1900..................... 8

Décret du 3 mai 1893, sur l'emploi des enfants aux travaux souterrains..... 16

Décret du 13 mai 1893, sur les travaux dangereux et insalubres, complété et modifié par les décrets des 21 juin 1897, 20 avril 1899 et 3 mai 1900. 17

Arrêté ministériel du 31 juillet 1894, sur les surcharges complété par l'arrêté du 27 mai 1902..................... 29

Décret du 15 juillet 1893, sur les tolérances et exceptions établies par la loi, complété et modifié par les décrets des 26 juillet 1895, 29 juillet 1897, 24 février 1898, 1er juillet 1899, 18 avril 1901 et 4 juillet 1902........ 29

Loi du 7 décembre 1874 relative à la protection des enfants employés dans les professions ambulantes.................. 34

Loi du 29 décembre 1900, fixant les conditions du travail des femmes employées dans les magasins, boutiques et autres locaux en dépendant. 35

Loi du 22 février 1851 relative au contrat d'apprentissage.............. 36

III. — Hygiène et sécurité des ateliers.

Loi du 12 juin 1893, sur l'hygiène et la sécurité des ateliers 40

Décret du 10 mars 1894, sur l'hygiène et la sécurité des ateliers, complété par les décrets des 14 juillet 1901 et 6 août 1902 43

Décret du 29 juin 1895, réglementant le travail dans les fabriques de vert de Schweinfurt...................... 47

Décret du 18 juillet 1902 réglementant l'emploi du blanc de céruse dans l'industrie de la peinture en bâtiment......................... 48

IV. — Accidents du travail.

Loi du 9 avril 1898 concernant les responsabilités des accidents dont les ouvriers sont victimes dans leur travail, modifiée par la loi du 22 mars 1902. 50

Décret du 23 mars 1902 relatif à l'exécution des articles 11 et 12 de la loi du 9 avril 1898, modifiée par la loi du 22 mars 1902............... 58

V. — Organisation du service de l'inspection.

Décret du 10 mai 1902 organisant le service de l'inspection du travail.... 64

Arrêté du 27 mai 1902 répartissant les sections territoriales d'inspection... 67

Décret du 13 juin 1895 réglant les conditions d'avancement dans les corps de l'inspection du travail, modifié par le décret du 13 novembre 1900. 75

I. — TRAVAIL DES ADULTES.

DÉCRET-LOI DU 9 SEPTEMBRE 1848

relatif aux heures de travail dans les manufactures et usines.

(Modifié par la loi du 30 mars 1900.)

L'Assemblée nationale a adopté et le Chef du pouvoir exécutif promulgue le décret dont la teneur suit :

ARTICLE PREMIER. La journée de l'ouvrier dans les manufactures et usines ne pourra pas excéder douze heures de travail effectif.

(*Loi du 30 mars 1900.*) « Toutefois, dans les établissements énumérés dans l'article 1er de la loi du 2 novembre 1892 qui emploient dans les mêmes locaux des hommes adultes et des personnes visées par ladite loi, la journée de ces ouvriers ne pourra excéder onze heures de travail effectif.

« Dans le cas du paragraphe précédent, au bout de deux ans à partir de la promulgation de la présente loi, la journée sera réduite à dix heures et demie et, au bout d'une nouvelle période de deux ans, à dix heures. »

ART. 2. Des règlements d'administration publique détermineront les exceptions qu'il sera nécessaire d'apporter à cette disposition générale, à raison de la nature des industries ou des causes de force majeure.

ART. 3. Il n'est porté aucune atteinte aux usages et aux conventions, qui, antérieurement au 2 mars, fixaient pour certaines industries la journée de travail à un nombre d'heures inférieur à douze.

ART. 4. Tout chef de manufacture ou usine qui contreviendra au présent décret et aux règlements d'administration publique promulgués en exécution de l'article 2 sera puni d'une amende de cinq francs à cent francs.

Les contraventions donneront lieu à autant d'amendes qu'il y aura d'ouvriers indûment employés, sans que ces amendes réunies puissent s'élever au-dessus de mille francs.

Le présent article ne s'applique pas aux usages locaux et conventions indiqués dans la présente loi.

ART. 5. L'article 463 du Code pénal pourra toujours être appliqué.

ART. 6. Le décret du 2 mars, en ce qui concerne la limitation des heures de travail, est abrogé.

DÉCRET DU 28 MARS 1902

portant règlement d'administration publique sur la durée du travail effectif journalier des ouvriers adultes.

LE PRÉSIDENT DE LA RÉPUBLIQUE FRANÇAISE,

Sur le rapport du Ministre du commerce et de l'industrie, des postes et des télégraphes,

Vu la loi du 9 septembre 1848 relative aux heures de travail dans les manufactures et usines et notamment l'article 2 ainsi conçu :

« Des règlements d'administration publique détermineront les exceptions qu'il sera nécessaire d'apporter à cette disposition générale, à raison de la nature des industries ou des causes de force majeure » ;

Vu la loi du 2 novembre 1892 sur le travail des enfants, des filles mineures et des femmes dans les établissements industriels ;

Vu la loi du 30 mars 1900 portant modification de celles du 2 novembre 1892 et du 9 septembre 1848 ;

Vu les décrets des 17 mai 1851, 31 janvier 1866, 3 avril 1889 et 10 décembre 1899, rendus en exécution de la loi du 9 septembre 1848 ;

Vu l'avis du comité consultatif des arts et manufactures ;

Vu l'avis de la commission supérieure du travail ;

Le Conseil d'Etat entendu,

DÉCRÈTE :

ARTICLE PREMIER. La durée du travail effectif journalier des ouvriers adultes peut, pour les travaux désignés au tableau suivant et conformément à ses indications, être élevée au-dessus des limites respectivement fixées par l'article 1er de la loi du 9 septembre 1848, en ce qui concerne les établissements ou parties d'établissements industriels n'employant dans les mêmes locaux que des hommes adultes, et par l'article 2 de la loi du 30 mars 1900, en ce qui concerne les établissements ou parties d'établissements industriels employant dans les mêmes locaux des hommes adultes et des enfants, des filles mineures ou des femmes :

DÉSIGNATION DES TRAVAUX.	LIMITE D'AUGMENTATION DE DURÉE du travail effectif journalier.
1° Travail des ouvriers spécialement employés dans une industrie quelconque à la conduite des fours, fourneaux, étuves, sécheries ou chaudières autres que les générateurs pour machines motrices, ainsi qu'au chauffage des cuves et bacs, sous la condition que ce travail ait un caractère purement préparatoire ou complémentaire et ne constitue pas le travail fondamental de l'établissement. Travail des mécaniciens et des chauffeurs employés au service des machines motrices.	Une heure et demie au delà de la limite assignée au travail général de l'établissement ; deux heures le lendemain de tout jour de chômage.
2° Travail des ouvriers employés, après arrêt de la production, à l'entretien et au nettoyage des métiers ou autres machines productrices que la connexité des travaux ne permettrait pas de mettre isolément au repos pendant la marche générale de l'établissement.	Une demi-heure au delà de la limite assignée au travail général de l'établissement.
3° Travail d'un chef d'équipe ou d'un ouvrier spécialiste dont la présence est indispensable à la marche d'un atelier ou au fonctionnement d'une équipe, dans le cas d'absence inattendue de son remplaçant et en attendant l'arrivée d'un autre remplaçant.	Deux heures au delà de la limite assignée au travail général de l'établissement.
4° Travail des ouvriers spécialement employés soit au service des fours, soit à d'autres opérations, quand le service ou les opérations doivent rester continus pendant plus d'une semaine.	Faculté illimitée pendant un jour pour permettre l'alternance des équipes ; cette alternance ne pouvant avoir lieu qu'à une semaine d'intervalle au moins.

DÉSIGNATION DES TRAVAUX.	LIMITE D'AUGMENTATIO DE DURÉE du travail effectif journalier.
5° Travail des ouvriers spécialement employés soit à des opérations de grosse métallurgie (fonte, forgeage, laminage des métaux en grosses pièces et opérations connexes), soit à d'autres opérations reposant sur des réactions qui, techniquement, ne peuvent être arrêtées à volonté, lorsque les unes et les autres n'ont pu être terminées dans les délais réglementaires par suite de circonstances exceptionnelles.	Deux heures ; exceptionnellement pour la grosse métallurgie, six heures la veille de tout jour de chômage.
6° Travaux urgents dont l'exécution immédiate est nécessaire pour prévenir des accidents imminents, organiser des mesures de sauvetage, ou réparer des accidents survenus au matériel, aux installations ou aux bâtiments de l'établissement.	Faculté illimitée pendant un jour au choix de l'industriel ; les autres jours, deux heures au delà de la limite fixée par l'article 1er, paragraphe 1er, de la loi du 9 septembre 1848.
7° Travaux exécutés dans l'intérêt de la sûreté et de la défense nationales, sur un ordre du Gouvernement constatant la nécessité de la dérogation.	Limite à fixer, dans chaque cas, de concert entre le ministre du commerce et de l'industrie et le ministre qui ordonne les travaux.
8° Travail du personnel des imprimeries typographiques, lithographiques et en taille-douce.	Deux heures au delà de la limite fixée par l'article 1er, paragraphe 1er, de la loi du 9 septembre 1848. Maximum annuel : 100 heures.
9° Travail des ouvriers spécialement employés à la mouture des grains dans les moulins exclusivement actionnés par l'eau ou par le vent.	Deux heures au delà de la limite fixée par l'article 1er, paragraphe 1er, de la loi du 9 septembre 1848.

ART. 2. Les facultés d'augmentation de la durée du travail journalier accordées pour les enfants, les filles mineures et les femmes, en vertu de la loi du 2 novembre 1892, s'appliquent de plein droit aux ouvriers adultes employés dans les mêmes locaux.

ART. 3. Tout chef d'établissement qui veut user des facultés prévues aux articles précédents est tenu de faire connaître préalablement à l'inspecteur du travail la nature de la dérogation, le nombre d'ouvriers pour lesquels la durée du travail journalier sera augmentée, les heures de travail et de repos de ces ouvriers, celles de l'ensemble du personnel de l'établissement et les jours auxquels s'applique l'augmentation. Copie de cet avis sera affichée dans l'établissement.

Si cette augmentation est motivée, soit par les circonstances exceptionnelles prévues au paragraphe 5 du tableau annexé à l'article 1er, soit par les travaux urgents prévus au paragraphe 6 du même tableau, l'avis doit être envoyé par exprès ou par télégramme à l'inspecteur du travail. Si la faculté réclamée ne lui paraît pas justifiée, celui-ci en avisera l'industriel.

ART. 4. Les décrets des 17 mai 1851, 31 janvier 1866, 3 avril 1889 et 10 décembre 1899 sont abrogés.

ART. 5. Le Ministre du commerce et de l'industrie, des postes et des télégraphes est chargé de l'exécution du présent décret, qui sera inséré au *Bulletin des lois* et publié au *Journal officiel* de la République française.

II. — TRAVAIL DES ENFANTS, FILLES MINEURES ET DES FEMMES

LOI DU 2 NOVEMBRE 1892

sur le travail des enfants, des filles mineures et des femmes dans les établissements industriels.

(Modifiée par la loi du 30 mars 1900.)

Le Sénat et la Chambre des députés ont adopté,
Le Président de la République promulgue la loi dont la teneur suit :

SECTION PREMIÈRE.

DISPOSITIONS GÉNÉRALES. — AGE D'ADMISSION. — DURÉE DU TRAVAIL.

ARTICLE PREMIER. Le travail des enfants, des filles mineures et des femmes dans les usines, manufactures, mines, minières et carrières, chantiers, ateliers et leurs dépendances, de quelque nature que ce soit, publics ou privés, laïques ou religieux, même lorsque ces établissements ont un caractère d'enseignement professionnel ou de bienfaisance, est soumis aux obligations déterminées par la présente loi.

Toutes les dispositions de la présente loi s'appliquent aux étrangers travaillant dans les établissements ci-dessus désignés.

Sont exceptés les travaux effectués dans les établissements où ne sont employés que les membres de la famille sous l'autorité soit du père, soit de la mère, soit du tuteur.

Néanmoins, si le travail s'y fait à l'aide de chaudière à vapeur ou de moteur mécanique, ou si l'industrie exercée est classée au nombre des établissements dangereux ou insalubres, l'inspecteur aura le droit de prescrire les mesures de sécurité et de salubrité à prendre, conformément aux articles 12, 13 et 14.

ART. 2. Les enfants ne peuvent être employés par les patrons, ni être admis dans les établissements énumérés dans l'article 1er avant l'âge de treize ans révolus.

Toutefois, les enfants munis du certificat d'études primaires institué par la loi du 28 mars 1882 peuvent être employés à partir de l'âge de douze ans.

Aucun enfant âgé de moins de treize ans ne pourra être admis au travail dans les établissements ci-dessus visés, s'il n'est muni d'un certificat d'aptitude physique, délivré, à titre gratuit, par l'un des médecins chargés de la surveillance du premier âge ou l'un des médecins inspecteurs des écoles, ou tout autre médecin, chargé d'un service public, désigné par le préfet. Cet examen sera contradictoire, si les parents le réclament.

Les inspecteurs du travail pourront toujours requérir un examen médical de tous les enfants au-dessous de seize ans, déjà admis dans les établissements susvisés, à l'effet de constater si le travail dont ils sont chargés excède leurs forces.

Dans ce cas, les inspecteurs auront le droit d'exiger leur renvoi de l'établissement sur l'avis conforme de l'un des médecins désignés au paragraphe 3 du présent article, et après examen contradictoire si les parents le réclament.

Dans les orphelinats et institutions de bienfaisance visés à l'article 1er, et dans lesquels l'instruction primaire est donnée, l'enseignement manuel ou professionnel, pour les enfants âgés de moins de treize ans, sauf pour les enfants âgés de douze ans munis du certificat d'études primaires, ne pourra pas dépasser trois heures par jour.

ART. 3. (*Loi du 30 mars 1900.*) « Les jeunes ouvriers et ouvrières jusqu'à l'âge de dix-huit ans et les femmes ne peuvent être employés à un travail effectif de plus d'onze heures par jour, coupées par un ou plusieurs repos dont la durée totale ne pourra être inférieure à une heure et pendant lesquels le travail sera interdit.

« Au bout de deux ans à partir de la promulgation de la présente loi la durée du travail sera réduite à dix heures et demie et, au bout d'une nouvelle période de deux années, à dix heures.

« Dans chaque établissement, sauf les usines à feu continu et les mines, minières ou carrières, les repos auront lieu aux mêmes heures pour toutes les personnes protégées par la présente loi. »

SECTION II.

TRAVAIL DE NUIT. — REPOS HEBDOMADAIRE.

ART. 4. Les enfants âgés de moins de dix-huit ans, les filles mineures et les femmes ne peuvent être employées à aucun travail de nuit dans les établissements énumérés à l'article 1er.

Tout travail entre neuf heures du soir et cinq heures du matin est considéré comme travail de nuit; toutefois, le travail sera autorisé de quatre heures du matin à dix heures du soir quand il sera réparti entre deux postes d'ouvriers ne travaillant pas plus de neuf heures chacun (abrogé) [1].

Le travail de chaque équipe sera coupé par un repos d'une heure au moins (abrogé) [1].

Il sera accordé, pour les femmes et les filles âgées de plus de dix-huit ans, à certaines industries qui seront déterminées par un règlement d'administration publique et dans les conditions d'application qui seront précisées dans ledit règlement, la faculté de prolonger le travail jusqu'à onze heures du soir, à certaines époques de l'année, pendant une durée totale qui ne dépassera pas soixante jours. En aucun cas, la journée de travail effectif ne pourra être prolongée au delà de douze heures.

Il sera accordé à certaines industries, déterminées par un règlement d'administration publique, l'autorisation de déroger d'une façon permanente aux dispositions des paragraphes 1 et 2 du présent article, mais sans que le travail puisse en aucun cas dépasser sept heures par vingt-quatre heures.

(1) Dispositions abrogées par la loi du 30 mars 1900 (voir dernier paragraphe de l'article 4).

Le même règlement pourra autoriser, pour certaines industries, une dérogation temporaire aux dispositions précitées.

En outre, en cas de chômage résultant d'une interruption accidentelle ou de force majeure, l'interdiction ci-dessus peut, dans n'importe quelle industrie, être temporairement levée par l'inspecteur pour un délai déterminé.

(*Loi du 30 mars 1900.*) « A l'expiration d'un délai de deux ans à partir de la promulgation de la présente loi, les dispositions exceptionnelles concernant le travail de nuit prévues aux paragraphes 2 et 3 du présent article cesseront d'être en vigueur, sauf pour les travaux souterrains des mines, minières et carrières. »

ART. 5. Les enfants âgés de moins de dix-huit ans et les femmes de tout âge ne peuvent être employés dans les établissements énumérés à l'article 1er plus de six jours par semaine, ni les jours de fêtes reconnus par la loi, même pour rangement d'atelier.

Une affiche apposée dans les ateliers indiquera le jour adopté pour le repos hebdomadaire.

ART. 6. Néanmoins, dans les usines à feu continu, les femmes majeures et les enfants du sexe masculin peuvent être employés tous les jours de la semaine, la nuit, aux travaux indispensables, sous la condition qu'ils auront au moins un jour de repos par semaine.

Les travaux tolérés et le laps de temps pendant lequel ils peuvent être exécutés seront déterminés par un règlement d'administration publique.

ART. 7. L'obligation du repos hebdomadaire et les restrictions relatives à la durée du travail peuvent être temporairement levées par l'inspecteur divisionnaire, pour les travailleurs visés à l'article 5, pour certaines industries à désigner par le susdit règlement d'administration publique.

ART. 8. Les enfants des deux sexes âgés de moins de treize ans ne peuvent être employés comme acteurs, figurants, etc., aux représentations publiques données dans les théâtres et cafés-concerts sédentaires.

Le ministre de l'instruction publique et des beaux-arts, à Paris, et les préfets, dans les départements, pourront exceptionnellement autoriser l'emploi d'un ou plusieurs enfants dans les théâtres pour la représentation de pièces déterminées.

SECTION III.

TRAVAUX SOUTERRAINS.

ART. 9. Les filles et les femmes ne peuvent être employées aux travaux souterrains des mines, minières et carrières.

Des règlements d'administration publique détermineront les conditions spéciales du travail des enfants de treize à dix-huit ans du sexe masculin dans les travaux souterrains ci-dessus visés.

Dans les mines spécialement désignées par des règlements d'administration publique, comme exigeant, en raison de leurs conditions naturelles, une dérogation aux prescriptions du paragraphe 2 de l'article 4, ces règlements pourront permettre le travail des enfants à partir de quatre heures du matin et jusqu'à minuit, sous la condition expresse que les enfants ne soient pas assujettis à plus de huit heures de travail effectif ni à plus de dix heures de présence dans la mine par vingt-quatre heures.

SECTION IV.

SURVEILLANCE DES ENFANTS.

ART. 10. Les maires sont tenus de délivrer gratuitement aux père, mère, tuteur ou patron, un livret sur lequel sont portés les noms et prénoms des enfants des deux sexes âgés de moins de dix-huit ans, la date, le lieu de leur naissance et leur domicile.

Si l'enfant a moins de treize ans, le livret devra mentionner qu'il est muni du certificat d'études primaires institué par la loi du 28 mars 1882.

Les chefs d'industrie ou patrons inscriront sur le livret la date de l'entrée dans l'atelier et celle de la sortie. Ils devront également tenir un registre sur lequel seront mentionnées toutes les indications insérées au présent article.

ART. 11. Les patrons ou chefs d'industrie et loueurs de force motrice sont tenus de faire afficher dans chaque atelier les dispositions de la présente loi, les règlements d'administration publique relatifs à son exécution et concernant plus particulièrement leur industrie, ainsi que les adresses et les noms des inspecteurs de la circonscription.

Ils afficheront également les heures auxquelles commencera et finira le travail, ainsi que les heures et la durée des repos. Un duplicata de cette affiche sera envoyé à l'inspecteur, un autre sera déposé à la mairie.

(*Loi du 30 mars 1900.*) « Dans les établissements visés par la présente loi, autres que les usines à feu continu et les établissements qui seront déterminés par un règlement d'administration publique, l'organisation du travail par relais, sauf ce qui est prévu aux paragraphes 2 et 3 de l'article 4, sera interdit pour les personnes protégées par les articles précédents, dans un délai de trois mois à partir de la promulgation de la présente loi.

« En cas d'organisation du travail par postes ou équipes successives, le travail de chaque équipe sera continu, sauf l'interruption pour le repos. »

Dans toutes les salles de travail des ouvroirs, orphelinats, ateliers de charité ou de bienfaisance dépendant des établissements religieux ou laïques sera placé d'une façon permanente un tableau indiquant, en caractères facilement lisibles, les conditions du travail des enfants telles qu'elles résultent des articles 2, 3, 4 et 5, et déterminant l'emploi de la journée, c'est-à-dire les heures du travail manuel, du repos, de l'étude et des repas. Ce tableau sera visé par l'inspecteur et revêtu de sa signature.

Un état nominatif complet des enfants élevés dans les établissements ci-dessus désignés indiquant leurs noms et prénoms, la date et le lieu de leur naissance, et certifié conforme par les directeurs de ces établissements, sera remis tous les trois mois à l'inspecteur et fera mention de toutes les mutations survenues depuis la production du dernier état.

SECTION V.

HYGIÈNE ET SÉCURITÉ DES TRAVAILLEURS.

ART. 12. Les différents genres de travail présentant des causes de danger, ou excédant les forces, ou dangereux pour la moralité, qui seront interdits aux femmes, filles et enfants, seront déterminés par des règlements d'administration publique.

Art. 13. Les femmes, filles et enfants ne peuvent être employés dans des établissements insalubres ou dangereux, où l'ouvrier est exposé à des manipulations ou à des émanations préjudiciables à sa santé, que sous les conditions spéciales déterminées par des règlements d'administration publique pour chacune de ces catégories de travailleurs.

Art. 14. Les établissements visés dans l'article 1er et leurs dépendances doivent être tenus dans un état constant de propreté, convenablement éclairés et ventilés. Ils doivent présenter toutes les conditions de sécurité et de salubrité nécessaires à la santé du personnel.

Dans tout établissement contenant des appareils mécaniques, les roues, les courroies, les engrenages ou tout autre organe pouvant offrir une cause de danger, seront séparés des ouvriers de telle manière que l'approche n'en soit possible que pour les besoins du service.

Les puits, trappes et ouvertures de descente doivent être clôturés.

Art. 15. Tout accident ayant occasionné une blessure à un ou plusieurs ouvriers, survenu dans un des établissements mentionnés à l'article 1er, sera l'objet d'une déclaration par le chef de l'entreprise ou, à son défaut et en son absence, par son préposé.

Cette déclaration contiendra le nom et l'adresse des témoins de l'accident ; elle sera faite dans les quarante-huit heures au maire de la commune, qui en dressera procès-verbal dans la forme à déterminer par un règlement d'administration publique. A cette déclaration sera joint, produit par le patron, un certificat du médecin indiquant l'état du blessé, les suites probables de l'accident et l'époque à laquelle il sera possible d'en connaître le résultat définitif.

Récépissé de la déclaration et du certificat médical sera remis, séance tenante, au déposant.

Avis de l'accident est donné immédiatement par le maire à l'inspecteur divisionnaire ou départemental (1).

Art. 16. Les patrons ou chefs d'établissement doivent, en outre, veiller au maintien des bonnes mœurs et à l'observation de la décence publique.

SECTION VI.

INSPECTION.

Art. 17. Les inspecteurs du travail sont chargés d'assurer l'exécution de la présente loi et de la loi du 9 septembre 1848.

Ils sont chargés, en outre, concurremment avec les commissaires de police, de l'exécution de la loi du 7 décembre 1874 relative à la protection des enfants employés dans les professions ambulantes.

Toutefois, en ce qui concerne les exploitations des mines, minières et carrières, l'exécution de la loi est exclusivement confiée aux ingénieurs et contrôleurs des mines, qui, pour ce service, sont placés sous l'autorité du Ministre du commerce et de l'industrie.

______

(1) Voir les modèles de déclaration d'accidents, pages 60 et suivantes.

Art. 18. Les inspecteurs du travail sont nommés par le Ministre du commerce et de l'industrie.

Ce service comprendra :

1° Des inspecteurs divisionnaires ;

2° Des inspecteurs ou inspectrices départementaux.

Un décret, rendu après avis du Comité des arts et manufactures et de la Commission supérieure du travail ci-dessous instituée, déterminera les départements dans lesquels il y aura lieu de créer des inspecteurs départementaux. Il fixera le nombre, le traitement et les frais de tournée de ces inspecteurs.

Les inspecteurs ou inspectrices départementaux sont placés sous l'autorité de l'inspecteur divisionnaire.

Les inspecteurs du travail prêtent serment de ne point révéler les secrets de fabrication et, en général, les procédés d'exploitation dont ils pourraient prendre connaissance dans l'exercice de leurs fonctions.

Toute violation de ce serment est punie conformément à l'article 378 du Code pénal.

Art. 19. Désormais ne seront admissibles aux fonctions d'inspecteur divisionnaire ou départemental que les candidats ayant satisfait aux conditions et aux concours visés par l'article 22.

La nomination au poste d'inspecteur titulaire ne sera définitive qu'après un stage d'un an.

Art. 20. Les inspecteurs et inspectrices ont entrée dans tous les établissements visés par l'article premier ; ils peuvent se faire représenter le registre prescrit par l'article 10, les livrets, les règlements intérieurs et, s'il y a lieu, le certificat d'aptitude physique mentionné à l'article 2.

Les contraventions sont constatées par les procès-verbaux des inspecteurs et inspectrices, qui font foi jusqu'à preuve contraire.

Ces procès-verbaux sont dressés en double exemplaire, dont l'un est envoyé au préfet du département et l'autre déposé au parquet.

Les dispositions ci-dessus ne dérogent point aux règles du droit commun, quant à la constatation et à la poursuite des infractions à la présente loi.

Art. 21. Les inspecteurs ont pour mission, en dehors de la surveillance qui leur est confiée, d'établir la statistique des conditions du travail industriel dans la région qu'ils sont chargés de surveiller.

Un rapport d'ensemble résumant ces communications sera publié tous les ans par les soins du Ministre du commerce et de l'industrie.

SECTION VII.

COMMISSIONS SUPÉRIEURE ET DÉPARTEMENTALES.

Art. 22. Une Commission supérieure composée de neuf membres, dont les fonctions sont gratuites, est établie auprès du Ministre du commerce et de l'industrie. Cette Commission comprend deux sénateurs, deux députés élus par leurs collègues et cinq membres nommés pour une période de quatre ans par le Président de la République. Elle est chargée :

1° De veiller à l'application uniforme et vigilante de la présente loi ;

2° De donner son avis sur les règlements à faire et généralement sur diverses questions intéressant les travailleurs protégés ;

3º Enfin, d'arrêter les conditions d'admissibilité des candidats à l'inspection divisionnaire et départementale et le programme du concours qu'ils devront subir.

Les inspecteurs divisionnaires nommés en vertu de la loi du 19 mai 1874, et actuellement en fonctions, seront répartis entre les divers postes d'inspecteurs divisionnaires et d'inspecteurs départementaux établis en exécution de la présente loi, sans être assujettis à subir le concours.

Les inspecteurs départementaux pourront être conservés sans subir un nouveau concours.

Art. 23. Chaque année, le Président de la Commission supérieure adresse au Président de la République un rapport général sur les résultats de l'inspection et sur les faits relatifs à l'exécution de la présente loi.

Ce rapport doit être, dans le mois de son dépôt, publié au *Journal officiel*.

Art. 24. Les Conseils généraux devront instituer une ou plusieurs commissions chargées de présenter, sur l'exécution de la loi et les améliorations dont elle serait susceptible, des rapports qui seront transmis au Ministre et communiqués à la Commission supérieure.

Les inspecteurs divisionnaires et départementaux, les présidents et vice-présidents du conseil de prud'hommes du chef-lieu ou du principal centre industriel du département et, s'il y a lieu, l'ingénieur des mines, font partie de droit de ces commissions dans leurs circonscriptions respectives.

Les commissions locales instituées par les articles 20, 21 et 22 de la loi du 19 mai 1874 sont abolies.

Art. 25. Il sera institué dans chaque département des comités de patronage ayant pour objet :

1º La protection des apprentis et des enfants employés dans l'industrie ;
2º Le développement de leur instruction professionnelle.

Le Conseil général dans chaque département déterminera le nombre et la circonscription des comités de patronage, dont les statuts seront approuvés dans le département de la Seine par le Ministre de l'intérieur et le Ministre du commerce et de l'industrie, et par les préfets dans les autres départements.

Les comités de patronage seront administrés par une commission composée de sept membres, dont quatre seront nommés par le Conseil général et trois par le préfet.

Ils sont renouvelables tous les trois ans. Les membres sortants pourront être appelés de nouveau à en faire partie.

Leurs fonctions sont gratuites.

SECTION VIII.

ʌ. PÉNALITÉS.

Art. 26. Les manufacturiers, directeurs ou gérants d'établissements visés dans la présente loi, qui auront contrevenu aux prescriptions de ladite loi et des règlements d'administration publique relatifs à son exécution, seront poursuivis devant le tribunal de simple police et passibles d'une amende de 5 à 15 francs.

L'amende sera appliquée autant de fois qu'il y aura de personnes employées dans des conditions contraires à la présente loi.

Toutefois, la peine ne sera pas applicable si l'infraction à la loi a été le résultat d'une erreur provenant de la production d'actes de naissance, livrets ou certificats contenant de fausses énonciations ou délivrés pour une autre personne.

Les chefs d'industrie sont civilement responsables des condamnations prononcées contre leurs directeurs ou gérants.

Art. 27. En cas de récidive, le contrevenant sera poursuivi devant le tribunal correctionnel et puni d'une amende de 16 à 100 francs.

Il y a récidive lorsque, dans les douze mois antérieurs au fait poursuivi, le contrevenant a déjà subi une condamnation pour une contravention identique.

En cas de pluralité de contraventions entraînant ces peines de la récidive, l'amende sera appliquée autant de fois qu'il aura été relevé de nouvelles contraventions.

Les tribunaux correctionnels pourront appliquer les dispositions de l'article 463 du Code pénal sur les circonstances atténuantes, sans qu'en aucun cas l'amende, pour chaque contravention, puisse être inférieure à 5 francs.

Art. 28. L'affichage du jugement peut, suivant les circonstances et en cas de récidive seulement, être ordonné par le tribunal de police correctionnelle.

Le tribunal peut également ordonner, dans le même cas, l'insertion du jugement aux frais du contrevenant dans un ou plusieurs journaux du département.

Art. 29. Est puni d'une amende de 100 à 500 francs quiconque aura mis obstacle à l'accomplissement des devoirs d'un inspecteur.

En cas de récidive, l'amende sera portée de 500 à 1 000 francs.

L'article 463 du Code pénal est applicable aux condamnations prononcées en vertu de cet article.

SECTION IX.

DISPOSITIONS SPÉCIALES.

Art. 30. Les règlements d'administration publique nécessaires à l'application de la présente loi seront rendus après avis de la Commission supérieure du travail et du Comité consultatif des arts et manufactures.

Le Conseil général des mines sera appelé à donner son avis sur les règlements prévus en exécution de l'article 9.

Art. 31. Les dispositions de la présente loi sont applicables aux enfants placés en apprentissage et employés dans un des établissements visés à l'article premier.

Art. 32. Les dispositions édictées par la présente loi ne seront applicables qu'à dater du 1er janvier 1893.

La loi du 19 mai 1874 et les règlements d'administration publique rendus en exécution de ses dispositions seront abrogés à la date susindiquée.

La présente loi, délibérée et adoptée par le Sénat et par la Chambre des députés, sera exécutée comme loi de l'État.

DÉCRET DU 3 MAI 1893

sur le travail des enfants dans les mines.

Le Président de la République française,

Sur le rapport du Ministre du commerce, de l'industrie et des colonies ;

Vu la loi du 2 novembre 1892 et en particulier son article 8 ainsi conçu :

« Les filles et femmes ne peuvent être admises dans les travaux souterrains des mines, minières et carrières ;

« Des règlements d'administration publique détermineront les conditions spéciales du travail des enfants de treize à dix-huit ans, du sexe masculin, dans les travaux souterrains ci-dessus visés.

« Dans les mines spécialement désignées par des règlements d'administration publique comme exigeant, en raison de leurs conditions naturelles, une dérogation aux prescriptions du paragraphe 2 de l'article 4, ces règlements pourront permettre le travail des enfants à partir de quatre heures du matin et jusqu'à minuit, à la condition expresse que les enfants ne soient pas assujettis à plus de huit heures de travail effectif ni à plus de dix heures de présence dans la mine par vingt-quatre heures » ;

Vu l'avis du Conseil général des mines,

Vu l'avis du Comité consultatif des arts et manufactures ;

Vu l'avis de la Commission supérieure du travail dans l'industrie instituée par la loi du 2 novembre 1892 ;

Le Conseil d'État entendu,

DÉCRÈTE :

ARTICLE PREMIER. La durée du travail effectif des enfants du sexe masculin au-dessous de seize ans, dans les galeries souterraines des mines, minières et carrières, ne peut excéder huit heures par poste et par vingt-quatre heures.

La durée du travail effectif des jeunes ouvriers de seize à dix-huit ans ne peut excéder dix heures par jour ni cinquante-quatre heures par semaine.

Ne sont pas compris dans les durées précitées du travail effectif le temps de la remonte et de la descente ni celui employé à aller au chantier et à en venir, ni les repos, dont la durée totale ne pourra être inférieure à une heure.

ART. 2. Les enfants et les jeunes ouvriers peuvent être employés au triage et au chargement du minerai, à la manœuvre et au roulage des wagonnets, à la garde et à la manœuvre des portes d'aérage, à la manœuvre des ventilateurs à bras et autres travaux accessoires n'excédant pas leur force.

Ils ne doivent pas être occupés à la manœuvre des ventilateurs à bras pendant plus d'une demi-journée de travail coupée par un repos d'une demi-heure au moins.

Les jeunes ouvriers de seize à dix-huit ans ne peuvent être occupés aux travaux proprement dits du mineur qu'à titre d'aides ou d'apprentis et pour une durée maxima de cinq heures par jour.

En dehors des exceptions prévues aux paragraphes précédents, tout travail est interdit dans les galeries souterraines aux enfants et jeunes ouvriers.

Art. 3. Les dispositions spéciales prévues par l'article 9, § 3, de la loi du 2 novembre 1892 pourront dès à présent être appliquées aux exploitations des couches minces de houille dans lesquelles le travail est mené à double poste et lorsque le travail de l'un des postes consiste à exécuter aux chantiers d'abatage l'enlèvement des roches encaissantes et le remblaiement qui n'ont pu s'effectuer pendant le poste d'extraction.

L'exploitant qui voudra recourir à ce régime devra au préalable en avoir donné avis à l'ingénieur en chef des mines. En cas d'opposition de ce dernier, l'exploitant devra obtenir l'autorisation du Ministre du commerce, de l'industrie et des colonies.

Art. 4. Le Ministre du commerce, de l'industrie et des colonies est chargé de l'exécution du présent décret qui sera inséré au *Bulletin des lois* et publié au *Journal officiel* de la République française.

DÉCRET DU 13 MAI 1893

sur les travaux dangereux pour les enfants.

(Complété et modifié par les décrets des 21 juin 1897, 20 avril 1899 et 3 mai 1900.)

Le Président de la République française,

Sur le rapport du Ministre du commerce, de l'industrie et des colonies,

Vu l'article 12 de la loi du 2 novembre 1892, ainsi conçu :

« Les différents genres de travail présentant des causes de danger, ou excédant les forces, ou dangereux pour la moralité, qui seront interdits aux femmes, filles et enfants, seront déterminés par des règlements d'administration publique » ;

Vu l'article 13 de ladite loi, ainsi conçu :

« Les femmes, filles et enfants ne peuvent être employés dans des établissements insalubres ou dangereux où l'ouvrier est exposé à des manipulations ou à des émanations préjudiciables à sa santé, que sous les conditions spéciales déterminées par des règlements d'administration publique pour chacune de ces catégories de travailleurs » ;

Vu l'avis du Comité consultatif des arts et manufactures ;

Vu l'avis de la Commission supérieure instituée par l'article 22 de la loi précitée ;

Le Conseil d'État entendu,

DÉCRÈTE :

Article premier. Il est interdit d'employer les enfants au-dessous de 18 ans, les filles mineures et les femmes au graissage, au nettoyage, à la visite ou à la réparation des machines ou mécanismes en marche.

Art. 2. Il est interdit d'employer les enfants au-dessous de 18 ans, les filles mineures et les femmes dans les ateliers où se trouvent des machines actionnées à la main ou par un moteur mécanique, dont les parties dangereuses ne sont point couvertes de couvre-engrenages, garde-mains et autres organes protecteurs.

Art. 3. Il est interdit d'employer les enfants au-dessous de 18 ans à faire tourner des appareils en sautillant sur une pédale.

Il est également interdit de les employer à faire tourner des roues horizontales.

Art. 4. Les enfants au-dessous de 16 ans ne pourront être employés à tourner des roues verticales que pendant une durée d'une demi-journée de travail divisée par un repos d'une demi-heure au moins.

Il est également interdit d'employer les enfants au-dessous de 16 ans à actionner, au moyen de pédales, les métiers dits « à la main ».

Art. 5. Les enfants au-dessous de 16 ans ne peuvent travailler aux scies circulaires ou aux scies à ruban.

Art. 6. Les enfants au-dessous de 16 ans ne peuvent être employés au travail des cisailles et autres lames tranchantes mécaniques.

Art. 7. Les enfants au-dessous de 13 ans ne peuvent, dans les verreries, être employés à cueillir et à souffler le verre.

Au-dessus de 13 ans jusqu'à 16 ans, ils ne peuvent cueillir un poids de verre supérieur à mille grammes. Dans les fabriques de bouteilles et de verre à vitre le soufflage par la bouche est interdit aux enfants au-dessous de 16 ans.

Dans les verreries où le soufflage se fait à la bouche, un embout personnel sera mis à la disposition de chaque enfant âgé de moins de 18 ans.

Art. 8. Il est interdit de préposer des enfants au-dessous de 16 ans au service des robinets à vapeur.

Art. 9. Il est interdit d'employer des enfants de moins de 16 ans en qualité de doubleurs, dans les ateliers où s'opèrent le laminage et l'étirage de la verge de tréfilerie.

Toutefois, cette disposition n'est pas applicable aux ateliers dans lesquels le travail des doubleurs est garanti par des appareils protecteurs.

Art. 10. Il est interdit d'employer des enfants de moins de 16 ans à des travaux exécutés à l'aide d'échafaudages volants pour la réfection ou le nettoyage des maisons.

Art. 11. Les jeunes ouvriers ou ouvrières au-dessous de 18 ans employés dans l'industrie ne peuvent porter, tant à l'intérieur qu'à l'extérieur des manufactures, usines, ateliers et chantiers, des fardeaux d'un poids supérieur aux suivants :

Garçons au-dessous de 14 ans	10 kilogr.
Garçons de 14 à 18 ans	15 —
Ouvrières au-dessous de 16 ans	5 —
Ouvrières de 16 à 18 ans	10 —

Il est interdit de faire traîner ou pousser par lesdits jeunes ouvriers et ouvrières, tant à l'intérieur des établissements industriels que sur la voie publique, des charges correspondant à des efforts plus grands que ceux ci-dessus indiqués.

Les conditions d'équivalence des deux genres de travail seront déterminées par arrêté ministériel (¹).

Art. 12. Il est interdit d'employer des filles au-dessous de 16 ans au travail des machines à coudre mues par des pédales.

Art. 13. Il est interdit d'employer des enfants, des filles mineures ou des femmes à la confection d'écrits, d'imprimés, affiches, dessins, gravures, peintures, emblèmes, images ou autres objets dont la vente, l'offre, l'exposition, l'affichage ou la distribution sont réprimés par les lois pénales comme contraires aux bonnes mœurs.

____

(1) Voir l'arrêté ministériel du 31 juillet 1894, complété par celui du 27 mai 1902, page 29.

Il est également interdit d'occuper des enfants au-dessous de 16 ans et des filles mineures dans les ateliers où se confectionnent des écrits, imprimés, affiches, gravures, peintures, emblèmes, images et autres objets qui, sans tomber sous l'action des lois pénales, sont cependant de nature à blesser leur moralité.

ART. 14. Dans les établissements où s'effectuent les travaux dénommés au tableau A annexé au présent décret, l'accès des ateliers affectés à ces opérations est interdit aux enfants au-dessous de 18 ans, aux filles mineures et aux femmes.

ART. 15. Dans les établissements où s'effectuent les travaux dénommés au tableau B annexé au présent décret, l'accès des ateliers affectés à ces opérations est interdit aux enfants au-dessous de 18 ans.

ART. 16. Le travail des enfants, filles mineures et femmes n'est autorisé dans les ateliers dénommés au tableau C annexé au présent décret que sous les conditions spécifiées audit tableau.

ART. 17. Le Ministre du commerce, de l'industrie et des colonies est chargé de l'exécution du présent décret, qui sera inséré au *Bulletin des lois* et publié au *Journal officiel* de la République française.

TABLEAU A.

Travaux interdits aux enfants au-dessous de 18 ans, aux filles mineures et aux femmes.

TRAVAUX.	RAISONS DE L'INTERDICTION.
Acide arsénique (Fabrication de l') au moyen de l'acide arsénieux et de l'acide azotique.	Danger d'empoisonnement.
Acide fluorhydrique (Fabrication de l').	Vapeurs délétères.
Acide nitrique (Fabrication de l')	*Idem.*
Acide oxalique (Fabrication de l').	Danger d'empoisonnement. Vapeurs délétères.
Acide picrique (Fabrication de l')	Vapeurs délétères.
Acide salicylique (Fabrication de l') au moyen de l'acide phénique.	Émanations nuisibles.
Acide urique. (Voir Murexide.)	
Affinage des métaux au fourneau. (Voir Grillage des minerais.)	
Aniline. (Voir Nitrobenzine.)	
Arséniate de potasse (Fabric. de l') au moyen du salpêtre.	Danger d'empoisonnement. Vapeurs délétères.
Benzine (Dérivés de la). [Voir Nitrobenzine.]	
Blanc de plomb. (Voir Céruse.)	
Bleu de Prusse (Fabrication du). [Voir Cyanure de potassium.]	
Cendres d'orfèvre (Traitement des) par le plomb.	Maladies spéciales dues aux émanations nuisibles.
Céruse ou blanc de plomb (Fabrication de la).	*Idem.*
Chairs, débris et issues (Dépôts de) provenant de l'abatage des animaux.	Éman. nuisibles, danger d'infection.
Chlore (Fabrication du).	Émanations nuisibles.
Chlorure de chaux (Fabrication du).	*Idem.*
Chlorures alcalins, eau de Javelle (Fabrication des)	*Idem.*

TRAVAUX.	RAISONS DE L'INTERDICTION.
Chlorure de plomb (Fonderie de)	Émanations nuisibles.
Chlorures de soufre (Fabrication des)	*Idem.*
Chromate de potasse (Fabrication du)	Maladies spéciales dues aux émanations.
Cristaux (Polissage à sec des)	Poussières dangereuses.
Cyanure de potassium et bleu de Prusse (Fabrication de).	Danger d'empoisonnement.
Cyanure rouge de potassium ou prussiate rouge de potasse.	*Idem.*
Débris d'animaux (Dépôts de). [Voir Chairs, etc.]	
Dentelles (Blanchissage à la céruse des)	Poussières dangereuses.
Eau de Javelle (Fabric. d'). [Voir Chlorures alcalins.]	
Eau-forte. (Voir acide nitrique.)	
Effilochage et déchiquetage des chiffons	Poussières nuisibles.
Émaux (Grattage des) dans les fabriques de verre mousseline	*Idem.*
Engrais (Dépôts et fabrique d') au moyen de matières animales	Émanations nuisibles.
Équarrissage des animaux (Ateliers d')	Nature du travail. Émanations nuisibles.
Étamage des glaces par le mercure (Ateliers d')	Maladies spéciales dues aux émanations.
Fonte et laminage du plomb	*Idem.*
Fulminate de mercure (Fabrication du)	Émanations nuisibles.
Glaces (Étamage des). [Voir étamage.]	
Grillage des minerais sulfureux (sauf le cas prévu au tableau C)	*Idem.*
Huiles et autres corps gras extraits des débris de matières animales	*Idem.*
Litharge (Fabrication de la)	Maladies spéciales dues aux émanations.
Massicot (Fabrication du)	*Idem.*
Matières colorantes (Fabrication des) au moyen de l'aniline et de la nitrobenzine	Émanations nuisibles.
Métaux (Aiguisage et polissage des)	Poussières dangereuses.
Meulières et meules (Extraction et fabrication des)	*Idem.*
Minium (Fabrication du)	Maladies spéciales dues aux émanations.
Murexide (Fabrication de la) en vases clos par la réaction de l'acide azotique et de l'acide urique du guano	Vapeurs délétères.
Nitrate de méthyle (Fabrique de)	*Idem.*
Nitrobenzine, aniline et matières dérivant de la benzine (Fabrication de)	Vapeurs nuisibles.
Peaux de lièvre et de lapin. (Voir Secrétage.)	
Phosphore (Fabrication du)	Maladies spéciales dues aux émanations.
Plomb (Fonte et laminage du). [Voir Fonte.]	
Poils de lièvre et de lapin. (Voir Secrétage.)	
Prussiate de potasse. (Voir Cyanure de potassium.)	
Rouge de Prusse et d'Angleterre	Vapeurs délétères.
Secrétage des peaux ou poils de lièvre ou de lapin.	Poussières nuisibles ou vénéneuses.
Sulfate de mercure (Fabrication du)	Maladies spéciales dues aux émanations.
Sulfure d'arsenic (Fabrication du)	Danger d'empoisonnement.
Sulfure de sodium (Fabrication du)	Gaz délétère.
Traitement des minerais de plomb, zinc et cuivre, pour l'obtention des métaux bruts	Émanations nuisibles.
Verre (Polissage à sec du)	Poussières dangereuses.

TABLEAU B.

Travaux interdits aux enfants au-dessous dé 18 ans.

TRAVAUX.	RAISONS DE L'INTERDICTION.
Amorces fulminantes (Fabrication des)	Nécessité d'un travail prudent et attentif.
Amorces fulminantes pour pistolets d'enfants (Fabrication d')	Idem.
Artifices (Fabrication de pièces d')	Idem.
Cartouches de guerre (Fabriques et dépôts de) . .	Idem.
Celluloïd et produits nitrés analogues (Fabric. de) .	I lem.
Chiens (Infirmerie de)	Danger de morsures.
Chrysalides (Extraction des parties soyeuses des) .	Émanations nuisibles.
Dynamite (Fabriques et dépôts de)	Nécessité d'un travail prudent et attentif.
Etoupilles (Fabrication d') avec matières explosives.	Idem.
Poudre de mine comprimée (Fabr. de cartouches de).	Idem.

TABLEAU C.

Établissements dans lesquels l'emploi des enfants au-dessous de 18 ans, des filles mineures et des femmes est autorisé sous certaines conditions.

ÉTABLISSEMENTS.	CONDITIONS.	MOTIFS.
Abattoirs publics et annexes. .	Les enfants au-dessous de 16 ans ne seront pas employés dans les abattoirs et annexes . . .	Dangers d'accidents et de blessures.
Albâtre (Sciage et polissage à sec de l')	Les enfants au-dessous de 18 ans ne seront pas employés lorsque les poussières se dégageront librement dans les ateliers	Poussières nuisibles.
Acide chlorhydrique (Production de l') par la décomposition des chlorures de magnésium, d'aluminium et autres .	Les enfants au-dessous de 18 ans, les filles mineures et femmes ne seront pas employés dans les ateliers où se dégagent des vapeurs et où l'on manipule les acides	Dangers d'accidents.
Acide muriatique. (Voir Acide chlorhydrique.)		
Acide sulfurique (Fabrication de l').	Idem.	Dangers d'accidents.
Affinage de l'or et de l'argent par les acides	Idem.	Idem.
Allumettes chimiques (Dépôts d')	Les enfants au-dessous de 16 ans ne seront pas employés dans les magasins	Danger d'incendie.
Allumettes chimiques (Fabrication des)	Les enfants au-dessous de 18 ans ne seront pas employés à la fusion des pâtes et au trempage	Maladies spéciales dues aux émanations.

ÉTABLISSEMENTS.	CONDITIONS.	MOTIFS.
Argenture sur métaux. (Voir Dorure et argenture.)		
Battage, cardage et épuration des laines, crins et plumes .	Les enfants au-dessous de 18 ans ne seront pas employés dans les ateliers où se dégagent des poussières	Poussières nuisibles.
Battage des tapis en grand . .	Idem.	Idem.
Battoir à écorces dans les villes.	Idem.	Idem.
Benzine (Fabrication et dépôt de). [Voir Huile de pétrole, de schiste, etc.]		
Blanc de zinc (Fabrication de) par la combustion du métal.	Les enfants au-dessous de 18 ans ne seront pas employés dans les ateliers de combustion et de condensation	Vapeurs nuisibles.
Blanchiment (Toile, paille, papier).	Les enfants au-dessous de 18 ans, les filles mineures et les femmes ne seront pas employés dans les ateliers où se dégagent le chlore et l'acide sulfureux.	Idem.
Boîtes de conserves (Soudure des)	Les enfants au-dessous de 16 ans ne seront pas employés à la soudure des boîtes	Gaz délétères.
Boulonniers et autres emboutisseurs de métaux par moyens mécaniques.	Les enfants au-dessous de 18 ans ne seront pas employés dans les ateliers où se dégagent des poussières	Poussières nuisibles.
Boyauderies	Les enfants au-dessous de 18 ans les filles mineures et les femmes ne seront pas employées au soufflage	Danger d'affections pulmonaires.
Caoutchouc (Application des enduits du).	Les enfants au-dessous de 18 ans, les filles mineures et les femmes ne seront pas employés dans les ateliers où se dégagent les vapeurs de sulfure de carbone et de benzine	Vapeurs nuisibles.
Caoutchouc (Travail du) avec emploi d'huiles essentielles ou du sulfure de carbone . .	Les enfants au-dessous de 18 ans, les filles mineures et les femmes ne seront pas employés dans les ateliers où se dégagent les vapeurs de sulfure de carbone.	Idem.
Cardage des laines, etc. (Voir Battage.)		
Chanvre (Teillage du) en grand. (Voir Teillage.)		
Chanvre imperméable. (Voir Feutre goudronné.)		
Chapeaux de feutre (Fabrication de).	Les enfants au-dessous de 18 ans ne seront pas employés lorsque les poussières se dégageront librement dans les ateliers.	Poussières nuisibles.

ÉTABLISSEMENTS.	CONDITIONS.	MOTIFS.
Chapeaux de soie ou autres préparés au moyen d'un vernis (Fabrication de).	Les enfants au-dessous de 18 ans ne seront pas employés dans les ateliers où l'on fabrique et applique le vernis.	Vapeurs nuisibles.
Chaux (Fours à)	Les enfants au-dessous de 18 ans ne seront pas employés dans les ateliers où se dégagent les poussières	Poussières nuisibles.
Chiffons (Dépôts de)	Les enfants au-dessous de 18 ans ne seront pas employés au triage et à la manipulation des chiffons.	Idem.
Chiffons (Traitement des) par la vapeur de l'acide chlorhydrique	Les enfants au-dessous de 18 ans, filles mineures et femmes ne seront pas employés dans les ateliers où se dégagent les acides	Vapeurs nuisibles.
Chromolithographies	Les enfants au-dessous de 16 ans ne seront pas employés au bronzage à la machine . . .	Poussières nuisibles.
Ciment (Fours à)	Les enfants au-dessous de 18 ans ne seront pas employés dans les ateliers où se dégagent des poussières	Idem.
Collodion (Fabrication du) . .	Les enfants au-dessous de 16 ans ne seront pas occupés dans les ateliers où l'on manipule les matières premières et les dissolvants.	Danger d'incendie.
Cotons et cotons gras (Blanchisserie des déchets de)	Les enfants au-dessous de 18 ans, filles mineures et femmes ne seront pas employés dans les ateliers où l'on manipule le sulfure de carbone.	Vapeurs nuisibles.
Cordes d'instruments en boyaux. (Voir Boyauderies.)		
Corne, os et nacre (Travail à sec des)	Les enfants au-dessous de 18 ans ne seront pas employés lorsque les poussières se dégageront librement dans les ateliers.	Poussières nuisibles.
Crins (Teinture des). [Voir Teintureries.]		
Crins et soies de porc. (Voir Soies de porc.)		
Cuir verni (Fabrication de). [V. Feutre et visières vernies.]		
Cuivre (Trituration des composés du).	Les enfants au-dessous de 18 ans ne seront pas employés dans les ateliers où les poussières se dégagent librement . . .	Poussières nuisibles.
Cuivre (Dérochage du) par les acides).	Les enfants au-dessous de 18 ans, filles mineures et femmes ne seront pas employés dans les ateliers où se dégagent les vapeurs acides. . .	Vapeurs nuisibles.
Déchets de laine (Dégraissage des). [V. Peaux, étoffes, etc.]		
Déchets de soie (Cardage des).	Les enfants au-dessous de 18 ans ne seront pas employés dans les ateliers où les poussières se dégagent librement . . .	Poussières nuisibles.

ÉTABLISSEMENTS.	CONDITIONS.	MOTIFS.
Dorure et argenture	Les enfants au-dessous de 18 ans, filles mineures et femmes ne seront pas employés dans les ateliers où se produisent des vapeurs acides ou mercurielles.	Émanations nuisibles.
Eaux grasses (Extraction pour la fabrication des savons et autres usages des huiles contenues dans les).	Les enfants au-dessous de 18 ans, filles mineures et femmes ne seront pas employés dans les ateliers où l'on emploie le sulfure de carbone.	Idem.
Écorces (Battoir à). [Voir Battoir.]		
Émail (Application de l') sur les métaux	Les enfants au-dessous de 18 ans, les filles mineures et les femmes ne seront pas employés dans les ateliers où l'on broie et blute les matières. .	Émanations nuisibles.
Émaux (Fabrication d') avec fours non lumivores. . . .	Idem	Idem.
Épaillage des laines et draps par la voie humide	Les enfants au-dessous de 18 ans, filles mineures et femmes ne seront pas employés dans les ateliers où se dégagent des vapeurs acides. . .	Idem.
Étoupes (Transformation en) des cordages hors de service, goudronnés ou non	Les enfants au-dessous de 18 ans ne seront pas employés lorsque les poussières se dégagent librement dans les ateliers	Poussières nuisibles.
Faïence (Fabrique de)	Les enfants au-dessous de 18 ans ne seront pas employés dans les ateliers où l'on pratique le broyage, le blutage. . . .	Idem.
Fer (Dérochage du).	Les enfants au-dessous de 18 ans, filles mineures et femmes ne seront pas employés dans les ateliers où se dégagent des vapeurs et où l'on manipule des acides.	Vapeurs nuisibles.
Fer (Galvanisation du)	Idem	Idem.
Feuilles d'étain	Les enfants au-dessous de 6 ans ne seront pas employés au bronzage à la main des feuilles	Poussières nuisibles.
Feutre goudronné (Fabrication du).	Les enfants au-dessous de 18 ans ne seront pas employés lorsque les poussières se dégagent librement dans les ateliers	Idem.
Feutre et visières vernies (Fabrication de)	Les enfants au-dessous de 8 ans ne seront pas employés à la préparation et à l'emploi des vernis	Danger d'incendie et vapeurs nuisibles.
Filature de lin	Les enfants au-dessous de 18 ans, les filles mineures et les femmes ne seront pas employés lorsque l'écoulement des eaux ne sera pas assuré.	Humidité nuisible.

ÉTABLISSEMENTS.	CONDITIONS.	MOTIFS.
Fonderies en 2ᵉ fusion de fer, de zinc et de cuivre.	Les enfants au-dessous de 16 ans ne seront pas employés à la coulée du métal.	Danger de brûlures.
Fourneaux (Hauts)	*Idem*	*Idem.*
Fours à plâtre et fours à chaux. (Voir Plâtre, Chaux.)		
Grès (Extraction et piquage des)	Les enfants au-dessous de 18 ans ne seront pas employés lorsque les poussières se dégageront librement dans les ateliers	Poussières nuisibles.
Grillage des minerais sulfureux quand les gaz sont condensés et que le minerai ne renferme pas d'arsenic.	Les enfants au-dessous de 18 ans, les filles mineures et les femmes ne seront pas employés dans les ateliers où l'on produit le grillage . . .	Émanations nuisibles.
Grillage et gazage des tissus. .	Les enfants au-dessous de 18 ans, les filles mineures et les femmes ne seront pas employés lorsque les produits de combustion se dégageront librement dans les ateliers. .	*Idem.*
Hauts fourneaux. (Voir Fonderies).		
Huiles de pétrole, de schiste et de goudron, essences et autres hydrocarbures employés pour l'éclairage, le chauffage, la fabrication des couleurs et vernis, le dégraissage des étoffes et autres usages (Fabrication, distillation, travail en grand d')	Les enfants au-dessous de 16 ans ne seront pas employés dans les ateliers de distillation et dans les magasins.	Danger d'incendie.
Huiles essentielles ou essences de térébenthine, d'aspic et autres. (Voir Huiles de pétrole, de schiste, etc.)		
Huiles extraites des schistes bitumineux. (Voir Huiles de pétrole, de schiste, etc.)		
Jute (Teillage du). [V. Teillage.]		
Liège (Usines pour la trituration du)	Les enfants au-dessous de 18 ans ne seront pas employés dans les ateliers où les poussières se dégagent librement . . .	Poussières nuisibles.
Lin (Teillage en grand du). [Voir Teillage.]		
Liquides pour l'éclairage (Dépôts de) au moyen de l'alcool et des huiles essentielles . .	Les enfants au-dessous de 16 ans ne seront pas employés dans les magasins.	Danger d'incendie.
Marbres (Sciage ou polissage à sec des)	Les enfants au-dessous de 18 ans ne seront pas employés lorsque les poussières se dégageront librement dans les ateliers.	Poussières nuisibles.
Matières minérales (Broyage à sec des)	*Idem*	*Idem.*

ÉTABLISSEMENTS.	CONDITIONS.	MOTIFS.
Mégisseries	Les enfants au-dessous de 18 ans, les filles mineures et les femmes ne seront pas employées à l'épilage des peaux.	Danger d'empoisonnement.
Ménageries	Les enfants au-dessous de 18 ans ne seront pas employés quand la ménagerie renferme des bêtes féroces ou venimeuses.	Danger d'accidents.
Moulins à broyer le plâtre, la chaux, les cailloux et les pouzzolanes.	Les enfants au-dessous de 18 ans ne seront pas employés quand les poussières se dégageront librement des ateliers.	Poussières nuisibles.
Nitrates métalliques obtenus par l'action directe des acides (Fabrication des).	Les enfants au-dessous de 18 ans, filles mineures et femmes ne seront pas employés dans les ateliers où se dégagent les vapeurs et où se manipulent les acides.	Vapeurs nuisibles.
Noir minéral (Fabrication du) par le broyage des résidus de la distillation des schistes bitumineux.	Les enfants au-dessous de 18 ans ne seront pas employés lorsque les poussières se dégageront librement dans les ateliers.	Poussières nuisibles.
Olives (Tourteaux d'). [Voir Tourteaux.]		
Ocres (Fabrication des) . . .	Idem.	Idem.
Papier (Fabrication du).	Les enfants au-dessous de 18 ans ne seront pas employés au triage et à la préparation des chiffons.	Idem.
Papiers peints. (Voir Toiles printes.)		
Peaux, étoffes et déchets de laine (Dégraissage des) par les huiles de pétrole et autres hydrocarbures.	Les enfants au-dessous de 18 ans ne seront pas employés dans les ateliers où l'on traite par les dissolvants, où l'on trie, coupe et manipule les déchets.	Danger d'incendie, poussières nuisibles.
Peaux (Lustrage et apprêtage des).	Les enfants au-dessous de 18 ans ne seront pas employés lorsque les poussières se dégageront librement dans les ateliers.	Poussières nuisibles.
Peaux de lapin ou de lièvre (Ébarrage et coupage des poils de).	Idem.	Idem.
Pétrole. (Voir Huiles de pétrole, etc.)		
Pierre (Sciage et polissage de la).	Idem.	Idem.
Pileries mécaniques de drogues.	Les enfants au-dessous de 18 ans ne seront pas employés lorsque les poussières se dégageront librement dans les ateliers.	Idem.
Pipes à fumer (Fabrication des).	Idem.	Idem.
Plâtres (Fours à)	Idem.	Idem.

ÉTABLISSEMENTS.	CONDITIONS.	MOTIFS.
Poêliers, fournalistes, poêles et fourneaux en faïence et terre cuite. (Voir Faïence.) Porcelaine (Fabrication de la).	Les enfants au-dessous de 18 ans ne seront pas employés lorsque les poussières se dégageront librement dans les ateliers.	Poussières nuisibles.
Poteries de terre (Fabrication de) avec fours non fumivores.	*Idem*	*Idem.*
Pouzzolane artificielle (Fours à)	*Idem*	*Idem.*
Réfrigération (Appareils de) par l'acide sulfureux	Les enfants au-dessous de 18 ans, les filles mineures et les femmes ne seront pas employés dans les ateliers où se dégagent les vapeurs acides.	Émanations nuisibles.
Sel de soude (Fabrication du) avec le sulfate de soude. . .	*Idem*	*Idem.*
Sinapismes (Fabrication des) à l'aide des hydrocarbures . .	Les enfants au-dessous de 18 ans, les filles mineures et les femmes ne seront pas employés dans les ateliers où se manipulent les dissolvants.	Vapeurs nuisibles ; danger d'incendie.
Soies de porc (Préparation des).	Les enfants au-dessous de 18 ans ne seront pas employés lorsque les poussières se dégageront librement dans les ateliers.	Poussières nuisibles.
Soude. (Voir Sulfate de soude.) Soufre (Pulvéris. et blutage du).	*Idem*	*Idem.*
Sulfate de peroxyde de fer (Fabrication du) par le sulfate de protoxyde de fer et l'acide nitrique (nitro-sulfate de fer).	Les enfants au-dessous de 18 ans, les filles mineures et les femmes ne seront pas employés dans les ateliers où se dégagent les vapeurs acides.	Vapeurs nuisibles.
Sulfate de protoxyde de fer ou couperose verte par l'action de l'acide sulfurique sur la ferraille	*Idem*	*Idem.*
Sulfate de soude (Fabrication du) par la décomposition du sel marin par l'acide sulfur.	*Idem*	*Idem.*
Sulfure de carbone (Fabrication du).	Les enfants au-dessous de 18 ans ne seront pas employés dans les ateliers où se dégagent des vapeurs nuisibles	Vapeurs délétères ; danger d'incendie.
Sulfure de carbone (Manufactures dans lesquelles on emploie en grand le).	*Idem*	*Idem.*
Sulfure de carbone (Dépôts de).	*Idem*	*Idem.*
Superphosphate de chaux et de potasse (Fabrication du) . .	Les enfants au-dessous de 18 ans, les filles mineures et les femmes ne seront pas employés dans les ateliers où se dégagent des vapeurs acides et des poussières	Émanations nuisibles.
Tabacs (Manufactures de). . .	Les enfants au-dessous de 16 ans ne seront pas employés dans les ateliers où l'on démolit les masses	*Idem.*

ÉTABLISSEMENTS.	CONDITIONS.	MOTIFS.
Taffetas et toiles vernis ou cirés (Fabrication de).	Les enfants au-dessous de 16 ans ne seront pas employés dans les ateliers où l'on prépare et applique les vernis	Danger d'incendie.
Tan (Moulins à).	Les enfants au-dessous de 18 ans ne seront pas employés quand les poussières se dégagent librement dans les ateliers .	Poussières nuisibles.
Tanneries.	*Idem*	*Idem.*
Tapis (Battage en grand des). [Voir Battage.]		
Teillage du lin, du chanvre et du jute en grand	*Idem*	*Idem.*
Teintureries	Les enfants au-dessous de 18 ans, les filles mineures et les femmes ne seront pas employés dans les ateliers où l'on emploie des matières toxiques	Danger d'empoisonnement.
Térébenthine (Distillation et travail en grand de la). [Voir Huiles de pétrole, de schiste, etc.]		
Toiles cirées. (Voir Taffetas et toiles vernis.)		
Toiles peintes (Fabrique de). .	*Idem*	*Idem.*
Toiles vernies (Fabrique de). [V. Taffetas et toiles vernies.]		
Tourteaux d'olives (Traitement des) par le sulfure de carbone	Les enfants au-dessous de 18 ans, les filles mineures et les femmes ne seront pas employés dans les ateliers où l'on manipule le sulfure de carbone	Émanations nuisibles.
Tôles et métaux vernis	Les enfants au-dessous de 18 ans, les filles mineures et les femmes ne seront pas employés dans les ateliers où l'on emploie des matières toxiques	Danger d'empoisonnement.
Vernis à l'esprit de vin (Fabrique de).	Les enfants au-dessous de 16 ans ne seront pas employés dans les ateliers où l'on prépare et manipule les vernis. . . .	Danger d'incendie.
Vernis (Ateliers où l'on applique le) sur les cuirs, feutres, taffetas, toiles, chapeaux. (Voir ces mots.)		
Verreries, cristalleries et manufactures de glaces	Les enfants au-dessous de 18 ans, les filles mineures et les femmes ne seront pas employés dans les ateliers où les poussières se dégagent librement et où il est fait usage de matières toxiques .	Poussières nuisibles.
Vessies nettoyées et débarrassées de toute substance membraneuse (Atelier pour le gonflement et le séchage des).	Les enfants au-dessous de 18 ans, les filles mineures et les femmes ne seront pas employés au travail du soufflage.	Danger d'affections pulmonaires.
Visières vernies (Fabrique de). [Voir Feutres et visières.]		

ARRÊTÉ MINISTÉRIEL DU 31 JUILLET 1894

relatif aux surcharges.

(Complété par l'arrêté du 27 mai 1902.)

Le Ministre du commerce, de l'industrie, des postes et des télégraphes, etc.,

ARRÊTE :

La limite supérieure de la charge qui peut être traînée ou poussée par les jeunes ouvriers et ouvrières au-dessous de dix-huit ans, tant à l'intérieur des établissements industriels que sur la voie publique, est fixée ainsi qu'il suit, *véhicule compris :*

1° Wagonnets circulant sur la voie ferrée :

Garçons au-dessous de 14 ans	300 kilogr.
Garçons de 14 à 18 ans	500 —
Ouvrières au-dessous de 16 ans	150 —
Ouvrières de 16 à 18 ans	300 —

2° Brouettes :

Garçons de 14 à 18 ans	40 kilogr.

3° Voitures à trois ou quatre roues, dites « placières, pousseuses, pousse-à-main » :

Garçons au-dessous de 14 ans	35 kilogr.
Garçons de 14 à 18 ans	60 —
Ouvrières au-dessous de 16 ans	35 —
Ouvrières de 16 à 18 ans	50 —

4° Charrettes à bras, dites « haquets, brancards, charretons, voitures à bras », etc. :

Garçons de 14 à 18 ans	130 kilogr.

5° Tricycles porteurs :

Garçons de 16 à 18 ans	75 kilogr.

DÉCRET DU 15 JUILLET 1893

sur les tolérances et exceptions prévues par la loi du 2 novembre 1892.

(Modifié par les décrets des 26 juillet 1895, 29 juillet 1897, 24 février 1898,
1er juillet 1899, 18 avril 1901 et 4 juillet 1902.)

Le Président de la République française,

Sur le rapport du Ministre du commerce, de l'industrie et des colonies ;
Vu les articles 4, 5, 6 et 7 de la loi du 2 novembre 1892, ainsi conçus :

« ART. 4. Les enfants âgés de moins de dix-huit ans, les filles mineures et les femmes ne peuvent être employés à aucun travail de nuit dans les établissements énumérés à l'article 1er.

« Tout travail entre 9 heures du soir et 5 heures du matin est considéré comme travail de nuit ; toutefois, le travail sera autorisé de 4 heures du matin à 10 heures du soir quand il sera réparti entre deux postes d'ouvriers ne travaillant pas plus de neuf heures chacun.

« Le travail de chaque équipe sera coupé par un repos d'une heure au moins.

« Il sera accordé, pour les femmes et les filles âgées de plus de dix-huit ans, à certaines industries qui seront déterminées par un règlement d'administration publique et dans les conditions d'application qui seront précisées dans ledit règlement, la faculté de prolonger le travail jusqu'à 11 heures du soir, à certaines époques de l'année, pendant une durée totale qui ne dépassera pas soixante jours. En aucun cas, la journée de travail effectif ne pourra être prolongée au delà de douze heures.

« Il sera accordé à certaines industries, déterminées par un règlement d'administration publique, l'autorisation de déroger d'une façon permanente aux dispositions des paragraphes 1 et 2 du présent article, mais sans que le travail puisse, en aucun cas, dépasser sept heures par vingt-quatre heures.

« Le même règlement pourra autoriser, pour certaines industries, une dérogation temporaire aux dispositions précitées.

« En outre, en cas de chômage résultant d'une interruption accidentelle ou de force majeure, l'interdiction ci-dessus peut, dans n'importe quelle industrie, être temporairement levée par l'inspecteur pour un délai déterminé. »

« Art. 5. Les enfants âgés de moins de dix-huit ans et les femmes de tout âge ne peuvent être employés dans les établissements énumérés à l'article 1er plus de six jours par semaine, ni les jours de fête reconnus par la loi, même pour rangement de l'atelier.

« Une affiche apposée dans les ateliers indiquera le jour adopté pour le repos hebdomadaire. »

« Art. 6. Néanmoins, dans les usines à feu continu, les femmes majeures et les enfants du sexe masculin peuvent être employés tous les jours de la semaine, la nuit, aux travaux indispensables, sous la condition qu'ils auront au moins un jour de repos par semaine.

« Les travaux tolérés et le laps de temps pendant lequel ils peuvent être exécutés seront déterminés par un règlement d'administration publique. »

« Art. 7. L'obligation du repos hebdomadaire et les restrictions relatives à la durée du travail peuvent être temporairement levées par l'inspecteur divisionnaire, pour les travailleurs visés à l'article 5, pour certaines industries à déterminer par un règlement d'administration publique. »

Vu l'avis du Comité consultatif des arts et manufactures ;
Vu l'avis de la Commission supérieure instituée par l'article 22 de la loi précitée ;
Le Conseil d'État entendu,

Décrète :

Article premier. Dans les industries ci-après déterminées, les femmes et les filles âgées de plus de dix-huit ans pourront être employées jusqu'à 11 heures du soir à certaines époques de l'année *et pendant une durée totale qui ne dépassera pas soixante jours par an,* sans que, en aucun cas, la durée du travail effectif puisse dépasser douze heures par vingt-quatre heures :

    Broderie et passementerie pour confections ;

    Chapeaux (Fabrication et confection de) en toutes matières pour hommes et femmes ;

    Confections, coutures et lingeries pour femmes et enfants ;

    Confections en fourrures ;

    Pliage et encartonnage des rubans.

ART. 2. Il pourra être dérogé d'une façon permanente aux dispositions des paragraphes 1 et 2 de l'article 4 précité, pour les industries et les catégories de travailleurs énumérées ci-dessous, mais sans que le travail puisse dépasser sept heures par vingt-quatre heures :

INDUSTRIES.	TRAVAILLEURS.
Amidon de maïs (Coulage et séchage de l')	Femmes.
Imprimés (Brochage des).	Filles majeures et femmes.
Journaux (Pliage des).	*Idem.*
Mines (Allumage des lampes de).	*Idem.*

ART. 3. Les industries énumérées ci-après sont autorisées à déroger temporairement aux dispositions relatives au travail de nuit, sans que le travail effectif des femmes, filles ou enfants employés la nuit puisse dépasser dix heures par vingt-quatre heures.

INDUSTRIES.	DURÉE TOTALE DES DÉROGATIONS.
Beurreries non annexées à une ferme ou à un groupe de fermes réunies par un lien coopératif.	60 jours.
Colles et gélatines	60 —
Confiserie	90 —
Conserves alimentaires de fruits et de légumes.	120 —
Conserves de poissons	90 —
Délainage des peaux de mouton.	60 —
Parfums des fleurs (Extraction des).	90 —
Pâtes alimentaires et fabriques de biscuits employant le beurre frais	30 —
Réparations urgentes de navires et de machines motrices . . .	120 jours (enfants au-dessous de 16 ans).
Tonnellerie pour l'embarillage des produits de la pêche	90 jours.

ART. 4. Dans les usines à feu continu où des femmes majeures et des

enfants du sexe masculin sont employés la nuit, les travaux tolérés pour ces deux catégories de travailleurs sont les suivants :

USINES A FEU CONTINU.	TRAVAILLEURS.	TRAVAUX TOLÉRÉS.
Distilleries de betteraves.	Enfants et femmes.	Laver, peser, trier la betterave, manœuvrer les robinets à jus et à eau, aider aux batteries de diffusion et aux appareils distillatoires.
Fer et fonte émaillés. (Fabriques d'objets en). . .	Enfants.	Manœuvrer à distance les portes des fours.
Huiles. (Usines pour l'extraction des)	Idem	Remplir les sacs, les secouer après pressage, porter les sacs vides et les claies.
Papeteries	Enfants et femmes.	Aider les surveillants de machines, couper, trier, ranger, rouler et apprêter le papier.
Sucres. (Fabriques et raffineries de).	Idem	Laver, peser, trier la betterave, manœuvrer les robinets à jus et à eau, surveiller les filtres, aider aux batteries de diffusion, coudre des toiles, laver des appareils et des ateliers, travailler le sucre en tablettes.
Usines métallurgiques. . .	Enfants.	Aider à la préparation des lits de fusion, aux travaux accessoires d'affinage, de laminage, de martelage et de tréfilage, de préparation des moules pour objets de fonte moulée, de rangement des paquets, des feuilles, des tubes et des fils.
Verreries.	Enfants.	Présenter les outils, faire les premiers cueillages, aider au soufflage et au moulage, porter dans les fours à recuire, en retirer les objets, le tout dans les conditions prévues à l'article 7 du décret du 13 mai 1893.
	Femmes	Trier et ranger les bouteilles.

Lorsque les femmes majeures et les enfants sont employés toute la nuit, leur travail doit être coupé par des intervalles de repos représentant un temps total de repos au moins égal à deux heures.

La durée du travail effectif ne peut d'ailleurs dépasser, dans les vingt-quatre heures, dix heures pour les femmes et les enfants.

ART. 5. Les industries pour lesquelles l'obligation du repos hebdomadaire et les restrictions relatives à la durée du travail pourront être temporairement levées par l'inspecteur divisionnaire, pour les enfants âgés de moins de dix-huit ans et les femmes de tout âge, sont les suivantes :

Ameublement, tapisserie, passementerie pour meubles.

Appareils orthopédiques.

Beurreries non annexées à une ferme ou à un groupe de fermes réunies par un lien coopératif.

Bijouterie et joaillerie.

Biscuits employant le beurre frais (Fabrique de).

Blanchisseries de linge fin.

Boîtes de conserves (Fabriques de et imprimeries sur métaux pour).

Bonneterie fine.

Briqueteries en plein air.

Brochage des imprimés.

Broderie et passementerie pour confections.

Cartons (Fabriques de) pour jouets, bonbons, cartes de visite, rubans.

Chapeaux (Fabrication et confection de) en toutes matières pour hommes et femmes.

Chaussures.

Colles et gélatines.

Coloriage au patron ou à la main.

Confections, coutures et lingeries pour femmes et enfants.

Confections pour hommes.

Confections en fourrures.

Conserves de fruits et confiserie, conserves de légumes et de poissons.

Corderies en plein air.

Corsets (Confection de).

Couronnes funéraires (Fabrique de).

Délainage des peaux de moutons.

Dorure pour ameublement.

Dorure pour encadrements.

Établissements industriels dans lesquels sont exécutés des travaux sur l'ordre du Gouvernement et dans l'intérêt de la sûreté et de la défense nationales, après avis des Ministres intéressés constatant expressément la nécessité de dérogation.

Filature, retordage de fils crêpés, bouclés et à boutons, de fils moulinés et multicolores.

Fleurs (Extraction des parfums des).

Fleurs et plumes.

Gainerie.

Impression de la laine peignée, blanchissage, teinture et impression des fils de laine, de coton et de soie, destinés au tissage des étoffes de nouveauté.

Imprimeries typographiques.

Imprimeries lithographiques.

Imprimeries en taille-douce.

Jouets, bimbeloterie, petite tabletterie et articles de Paris (Fabrique de).

Maçonnerie et couverture (Travaux de) faits en chantier.

Orfèvrerie (Polissage, dorure, gravure, ciselage, guillochage et planage en).

Papier (Transformation du), fabrication des enveloppes, du cartonnage, des cahiers d'école, des registres, des papiers de fantaisie.

Papiers de tenture.

Parfumerie.

Porcelaine (Ateliers de décor sur).

Reliure.

Réparations urgentes de navires et de machines motrices.

Soie (Dévidage de la) pour étoffes de nouveauté.

Teinture, apprêt, blanchiment, impression, gaufrage et moirage des étoffes.

Tissage des étoffes de nouveauté destinées à l'habillement.

Tissus, dentelles et laizes de soie.

Art. 6. Les chefs des industries autorisées soit à prolonger le travail jusqu'à 11 heures du soir, en vertu de l'article 1er, soit à déroger temporairement aux dispositions relatives au travail de nuit, en vertu de l'article 3, devront prévenir l'inspecteur ou l'inspectrice chaque fois qu'ils voudront faire usage de ces autorisations.

L'avis sera donné par l'envoi, avant le commencement du travail exceptionnel, d'une carte postale, d'une lettre sans enveloppe ou d'un télégramme, de façon que le timbre de la poste fasse foi de la date dudit avis.

Une copie de l'avis sera immédiatement affichée dans un endroit apparent des ateliers et y restera apposée pendant toute la durée de la dérogation.

Dans les cas prévus à l'article 5, une copie de l'autorisation sera également affichée.

LOI DU 7 DÉCEMBRE 1874

relative à la protection des enfants employés dans les professions ambulantes.

ARTICLE PREMIER. Tout individu qui fera exécuter par des enfants de moins de seize ans des tours de force périlleux ou des exercices de dislocation;

Tout individu autre que les père et mère, pratiquant les professions d'acrobate, saltimbanque, charlatan, montreur d'animaux ou directeur de cirque, qui emploiera, dans ses représentations, des enfants âgés de moins de seize ans, sera puni d'un emprisonnement de six mois à deux ans et d'une amende de 16 à 200 francs.

La même peine sera applicable aux père et mère exerçant les professions ci-dessus désignées qui emploieraient dans leurs représentations leurs enfants âgés de moins de douze ans.

ART. 2. Les pères, mères, tuteurs ou patrons *et généralement toutes personnes ayant autorité sur un enfant ou en ayant la garde* qui auront livré, soit gratuitement, soit à prix d'argent, leurs enfants, pupilles ou apprentis âgés de moins de seize ans aux individus exerçant les professions ci-dessus spécifiées, ou qui les auront placés sous la conduite de vagabonds, de gens sans aveu ou faisant métier de la mendicité, seront punis des peines portées en l'article 1er.

La même peine sera applicable *aux intermédiaires ou agents qui auront livré ou fait livrer lesdits enfants* et à quiconque aura déterminé des enfants âgés de moins de seize ans à quitter le domicile de leurs parents ou tuteurs pour suivre des individus des professions susdésignées.

La condamnation entraînera de plein droit, pour les tuteurs, la destitution de la tutelle; les pères et mères pourront être privés des droits de la puissance paternelle.

ART. 3. Quiconque emploiera des enfants âgés de moins de seize ans à la mendicité habituelle, soit ouvertement, soit sous l'apparence d'une profession, sera considéré comme auteur ou complice du délit de mendicité en réunion, prévu par l'article 276 du Code pénal, et sera puni des peines portées audit article.

Dans le cas où le délit aurait été commis par les pères, mères ou tuteurs, ils pourront être privés des droits de la puissance paternelle ou être destitués de la tutelle.

ART. 4. Tout individu exerçant l'une des professions spécifiées à l'article 1er de la présente loi devra être porteur de l'extrait des actes de naissance des enfants placés sous sa conduite, et justifier de leur origine et de leur identité par la production d'un livret ou d'un passeport.

Toute infraction à cette disposition sera punie d'un emprisonnement de un mois à six mois et d'une amende de 16 à 50 francs.

Art. 5. En cas d'infraction à l'une des dispositions de la présente loi, les autorités municipales seront tenues d'interdire toutes représentations aux individus désignés en l'article 1er.

Cesdites autorités seront également tenues de requérir la justification, conformément aux dispositions de l'article 4, de l'origine et de l'identité de tous les enfants placés sous la conduite des individus susdésignés. A défaut de cette justification, il en sera donné avis immédiat au parquet.

Toute infraction à la présente loi commise à l'étranger à l'égard de Français devra être dénoncée, dans le plus bref délai, par nos agents consulaires aux autorités françaises, ou aux autorités locales, si les lois du pays en assurent la répression.

Ces agents devront, en outre, prendre les mesures nécessaires pour assurer le rapatriement en France des enfants d'origine française.

Art. 6. L'article 463 du Code pénal est applicable aux délits prévus et punis par la présente loi.

LOI DU 29 DÉCEMBRE 1900

fixant les conditions du travail des femmes employées dans les magasins, boutiques et autres locaux en dépendant.

Le Sénat et la Chambre des députés ont adopté,
Le Président de la République promulgue la loi dont la teneur suit :

Article premier. Les magasins, boutiques et autres locaux en dépendant, dans lesquels des marchandises et objets divers sont manutentionnés ou offerts au public par un personnel féminin, devront être, dans chaque salle, munis d'un nombre de sièges égal à celui des femmes qui y sont employées.

Art. 2. Les inspecteurs du travail sont chargés d'assurer l'exécution de la présente loi : à cet effet, ils ont entrée dans tous les établissements visés par l'article 1er.

Les contraventions sont constatées par les procès-verbaux des inspecteurs et inspectrices qui font foi jusqu'à preuve contraire. Les procès-verbaux sont dressés en double exemplaire dont l'un est envoyé au préfet du département et l'autre déposé au parquet.

Les dispositions ci-dessus ne dérogent point aux règles du droit commun, quant à la constatation et à la poursuite des infractions à la présente loi.

Art. 3. Les chefs d'établissements, directeurs ou gérants des magasins, boutiques et autres locaux prévus à l'article 1er sont tenus de faire afficher à des endroits apparents les dispositions de la présente loi ainsi que les noms et les adresses des inspecteurs et inspectrices de la circonscription.

Art. 4. Lesdits chefs d'établissements, directeurs ou gérants qui auront contrevenu aux prescriptions de la présente loi seront poursuivis devant le tribunal de simple police et passibles d'une amende de 5 à 15 francs. L'amende sera appliquée autant de fois qu'il y aura de contraventions. Les chefs d'établissements seront civilement responsables des condamnations prononcées contre les directeurs ou gérants.

Art. 5. En cas de récidive, le contrevenant sera poursuivi devant le tribunal correctionnel et puni d'une amende de 16 à 100 francs. Il y a récidive lorsque, dans les douze mois antérieurs au fait poursuivi, le contrevenant a déjà subi une condamnation pour une contravention identique. En cas de pluralité de contraventions entraînant les peines de la récidive, l'amende sera appliquée autant de fois qu'il aura été relevé de nouvelles contraventions. Les tribunaux correctionnels pourront appliquer les dispositions de l'article 463 du Code pénal sur les circonstances atténuantes, sans qu'en aucun cas l'amende, pour chaque contravention, puisse être inférieure à 5 francs.

Art. 6. L'affichage du jugement peut, suivant les circonstances et en cas de récidive seulement, être ordonné par le tribunal de police correctionnelle. Le tribunal peut également ordonner, dans le même cas, l'insertion du jugement aux frais du contrevenant dans un ou plusieurs journaux du département.

Art. 7. Seront punis d'une amende de 100 à 500 francs, et en cas de récidive de 500 à 1 000 francs, tous ceux qui auront mis obstacle à l'accomplissement des devoirs d'un inspecteur.

L'article 463 du Code pénal est applicable aux condamnations prononcées en vertu du présent article.

Les dispositions du Code pénal, qui prévoient et répriment les actes de résistance, les outrages et violences contre les officiers de la police judiciaire, sont, en outre, applicables à ceux qui se rendront coupables de faits de même nature à l'égard des inspecteurs.

Art. 8. Les dispositions de la présente loi seront mises en vigueur un mois après sa promulgation.

La présente loi, délibérée et adoptée par le Sénat et par la Chambre des députés, sera exécutée comme loi d'État.

<hr>

LOI DU 22 FÉVRIER 1851

relative au contrat d'apprentissage.

TITRE PREMIER.

Du contrat d'apprentissage.

SECTION PREMIÈRE.

De la nature et de la forme du contrat.

ARTICLE PREMIER. Le contrat d'apprentissage est celui par lequel un fabricant, un chef d'atelier ou un ouvrier s'oblige à enseigner la pratique de sa profession à une autre personne qui s'oblige, en retour, à travailler pour lui : le tout à des conditions et pendant un temps convenus.

Art. 2. Le contrat d'apprentissage est fait par acte public ou par acte sous seing privé.

Il peut aussi être fait verbalement ; mais la preuve testimoniale n'en est reçue que conformément au titre du Code civil : *Des contrats ou des obligations conventionnelles en général.*

Les notaires, les secrétaires des conseils de prud'hommes et les greffiers de justice de paix peuvent recevoir l'acte d'apprentissage. Cet acte est soumis pour l'enregistrement au droit fixe d'un franc (1), lors même qu'il contiendrait des obligations de sommes ou valeurs mobilières, ou des quittances.

Les honoraires dus aux officiers publics sont fixés à 2 francs.

ART. 3. L'acte d'apprentissage contiendra :

1° Les nom, prénoms, âge, profession et domicile du maître ;

2° Les nom, prénoms, âge et domicile de l'apprenti ;

3° Les nom, prénoms, professions et domicile de ses père et mère, de son tuteur ou de la personne autorisée par les parents, et à leur défaut par le juge de paix ;

4° La date et la durée du contrat ;

5° Les conditions de logement, de nourriture, de prix, et toutes autres arrêtées entre les parties.

Il devra être signé par le maître ou par les représentants de l'apprenti.

SECTION II.

Des conditions du contrat.

ART. 4. Nul ne peut recevoir des apprentis mineurs, s'il n'est âgé de vingt et un ans au moins.

ART. 5. Aucun maître, s'il est célibataire ou en état de veuvage, ne peut loger, comme apprenties, des jeunes filles mineures.

ART. 6. Sont incapables de recevoir des apprentis :

Les individus qui ont subi une condamnation pour crime ;

Ceux qui ont été condamnés pour attentat aux mœurs ;

Ceux qui ont été condamnés à plus de trois mois d'emprisonnement pour les délits prévus par les articles 388, 401, 405, 406, 408, 423 du Code pénal.

ART. 7. L'incapacité résultant de l'article 6 pourra être levée par le préfet, sur l'avis du maire, quand le condamné, après l'expiration de sa peine, aura résidé pendant trois ans dans la même commune.

A Paris, les incapacités seront levées par le préfet de police.

SECTION III.

Devoirs des maîtres et des apprentis.

ART. 8. Le maître doit se conduire envers l'apprenti en bon père de famille, surveiller sa conduite et ses mœurs, soit dans la maison, soit au dehors, et avertir ses parents ou leurs représentants des fautes graves qu'il pourrait commettre ou des penchants vicieux qu'il pourrait manifester.

Il doit aussi les prévenir, sans retard, en cas de maladie, d'absence, ou de tout fait de nature à motiver leur intervention.

Il n'emploiera l'apprenti, sauf conventions contraires, qu'aux travaux et services qui se rattachent à l'exercice de sa profession. Il ne l'emploiera jamais à ceux qui seraient insalubres et au-dessus de ses forces.

_____

(1) L'article 4 de la loi du 28 février 1872 a porté ce droit à 1 fr. 50 c.

Art. 9. La durée du travail effectif des apprentis âgés de moins de quatorze ans ne pourra dépasser dix heures par jour.

Pour les apprentis âgés de quatorze à seize ans, elle ne pourra dépasser douze heures.

Aucun travail de nuit ne peut être imposé aux apprentis âgés de moins de seize ans.

Est considéré comme travail de nuit tout travail fait entre neuf heures du soir et cinq heures du matin.

Les dimanches et jours de fêtes reconnues ou légales, les apprentis, dans aucun cas, ne peuvent être tenus, vis-à-vis de leur maître, à aucun travail de leur profession.

Dans le cas où l'apprenti sera obligé, par suite de conventions ou conformément à l'usage, de ranger l'atelier aux jours ci-dessus marqués, ce travail ne pourra se prolonger au delà de dix heures du matin.

Il ne pourra être dérogé aux dispositions contenues dans les trois premiers paragraphes du présent article que sur un arrêté rendu par le préfet, sur l'avis du maire.

Art. 10. Si l'apprenti âgé de moins de seize ans ne sait pas lire, écrire et compter, ou s'il n'a pas encore terminé sa première éducation religieuse, le maître est tenu de lui laisser prendre, sur la journée de travail, le temps et la liberté nécessaires pour son instruction.

Néanmoins, ce temps ne pourra excéder deux heures par jour.

Art. 11. L'apprenti doit à son maître fidélité, obéissance et respect; il doit l'aider, par son travail, dans la mesure de son aptitude et de ses forces.

Il est tenu de remplacer, à la fin de l'apprentissage, le temps qu'il n'a pu employer par suite de maladie ou d'absence ayant duré plus de quinze jours.

Art. 12. Le maître doit enseigner à l'apprenti, progressivement et complètement, l'art, le métier ou la profession spéciale qui fait l'objet du contrat.

Il lui délivrera, à la fin de l'apprentissage, un congé d'acquit, ou certificat constatant l'exécution du contrat.

Art. 13. Tout fabricant, chef d'atelier ou ouvrier, convaincu d'avoir détourné un apprenti de chez son maître, pour l'employer en qualité d'apprenti ou d'ouvrier, pourra être passible de tout ou partie de l'indemnité à prononcer au profit du maître abandonné.

Section IV.

De la résolution du contrat.

Art. 14. Les deux premiers mois de l'apprentissage sont considérés comme un temps d'essai pendant lequel le contrat peut être annulé par la seule volonté de l'une des parties. Dans ce cas, aucune indemnité ne sera allouée à l'une ou l'autre partie, à moins de conventions expresses.

Art. 15. Le contrat d'apprentissage sera résolu de plein droit :

1° Par la mort du maître ou de l'apprenti ;

2° Si l'apprenti ou le maître est appelé au service militaire ;

3° Si le maître ou l'apprenti vient à être frappé d'une des condamnations prévues en l'article 6 de la présente loi ;

4° Pour les filles mineures, dans le cas de décès de l'épouse du maître ou de toute autre femme de la famille qui dirigeait la maison à l'époque du contrat.

ART. 16. Le contrat peut être résolu sur la demande des parties ou de l'une d'elles :

1° Dans le cas où l'une des parties manquerait aux stipulations du contrat ;

2° Pour cause d'infraction grave ou habituelle aux prescriptions de la présente loi ;

3° Dans le cas d'inconduite habituelle de la part de l'apprenti ;

4° Si le maître transporte sa résidence dans une autre commune que celle qu'il habitait lors de la convention.

Néanmoins, la demande en résolution de contrat rendue sur ce motif ne sera recevable que pendant trois mois, à compter du jour où le maître aura changé de résidence ;

5° Si le maître ou l'apprenti encourait une condamnation emportant un emprisonnement de plus d'un mois ;

6° Dans le cas où l'apprenti viendrait à contracter mariage.

ART. 17. Si le temps convenu pour la durée de l'apprentissage dépasse le maximum de la durée consacrée par les usages locaux, ce temps peut être réduit ou le contrat résolu.

TITRE II.

De la compétence.

ART. 18. Toute demande à fin d'exécution ou de résolution de contrat sera jugée par le conseil des prud'hommes dont le maître est justiciable, et, à défaut, par le juge de paix du canton.

Les réclamations qui pourraient être dirigées contre les tiers en vertu de l'article 13 de la présente loi seront portées devant le conseil des prud'hommes ou devant le juge de paix du lieu de leur domicile.

ART. 19. Dans les divers cas de résolution prévus en la section IV du titre Ier, les indemnités ou les restitutions qui pourraient être dues à l'une ou à l'autre des parties seront, à défaut de stipulations expresses, réglées par le conseil des prud'hommes ou par le juge de paix dans les cantons qui ne ressortissent point à la juridiction d'un conseil de prud'hommes.

ART. 20. Toute contravention aux articles 4, 5, 6, 9 et 10 de la présente loi sera poursuivie devant le tribunal de police et punie d'une amende de 5 à 15 francs.

Pour les contraventions aux articles 4, 5, 6, 9 et 10, le tribunal de police pourra, dans le cas de récidive, prononcer, outre l'amende, un emprisonnement d'un à cinq jours.

En cas de récidive, la contravention à l'article 6 sera poursuivie devant les tribunaux correctionnels, et punie d'un emprisonnement de quinze jours à trois mois, sans préjudice d'une amende qui pourra s'élever de 50 francs à 300 francs.

ART. 21. Les dispositions de l'article 463 du Code pénal sont applicables aux faits prévus par la présente loi.

ART. 22. Sont abrogés les articles 9, 10 et 11 de la loi du 22 germinal an XII.

III. — HYGIÈNE ET SÉCURITÉ.

LOI DU 12 JUIN 1893

*concernant l'hygiène et la sécurité des travailleurs
dans les établissements industriels.*

Le Sénat et la Chambre des députés ont adopté,
Le Président de la République promulgue la loi dont la teneur suit :

ARTICLE PREMIER. Sont soumis aux dispositions de la présente loi les manufactures, fabriques, usines, chantiers, ateliers de tout genre et leurs dépendances.

Sont seuls exceptés les établissements où ne sont employés que les membres de la famille sous l'autorité soit du père, soit de la mère, soit du tuteur.

Néanmoins, si le travail s'y fait à l'aide de chaudière à vapeur ou de moteur mécanique, ou si l'industrie exercée est classée au nombre des établissements dangereux ou insalubres, l'inspecteur aura le droit de prescrire les mesures de sécurité et de salubrité à prendre conformément aux dispositions de la présente loi.

ART. 2. Les établissements visés à l'article 1er doivent être tenus dans un état constant de propreté et présenter les conditions d'hygiène et de salubrité nécessaires à la santé du personnel.

Ils doivent être aménagés de manière à garantir la sécurité des travailleurs. Dans tout établissement fonctionnant par des appareils mécaniques, les roues, les courroies, les engrenages ou tout autre organe pouvant offrir une cause de danger seront séparés des ouvriers de telle manière que l'approche n'en soit possible que pour les besoins du service. Les puits, trappes et ouvertures doivent être clôturés.

Les machines, mécanismes, appareils de transmission, outils et engins doivent être installés et tenus dans les meilleures conditions possibles de sécurité.

Les dispositions qui précèdent sont applicables aux théâtres, cirques, magasins et autres établissements similaires où il est fait emploi d'appareils mécaniques.

ART. 3. Des règlements d'administration publique, rendus après avis du Comité consultatif des arts et manufactures, détermineront :

1° Dans les trois mois de la promulgation de la présente loi, les mesures générales de protection et de salubrité applicables à tous les établissements assujettis, notamment en ce qui concerne l'éclairage, l'aération ou la ventilation, les eaux potables, les fosses d'aisances, l'évacuation des poussières et vapeurs, les précautions à prendre contre les incendies, etc.;

2° Au fur et à mesure des nécessités constatées, les prescriptions particulières relatives soit à certaines industries, soit à certains modes de travail.

Le Comité consultatif d'hygiène publique de France sera appelé à donner son avis en ce qui concerne les règlements généraux prévus au paragraphe 2 du présent article.

Art. 4. Les inspecteurs du travail sont chargés d'assurer l'exécution de la présente loi et des règlements qui y sont prévus ; ils ont entrée dans les établissements spécifiés à l'article 1er et au dernier paragraphe de l'article 2, à l'effet de procéder à la surveillance et aux enquêtes dont ils sont chargés.

Art. 5. Les contraventions sont constatées par les procès-verbaux des inspecteurs, qui font foi jusqu'à preuve contraire.

Les procès-verbaux sont dressés en double exemplaire, dont l'un est envoyé au préfet du département et l'autre envoyé au Parquet.

Les dispositions ci-dessus ne dérogent point aux règles du droit commun quant à la constatation et à la poursuite des infractions commises à la présente loi.

Art. 6. Toutefois, en ce qui concerne l'application des règlements d'administration publique prévus par l'article 3 ci-dessus, les inspecteurs, avant de dresser procès-verbal, mettront les chefs d'industrie en demeure de se conformer aux prescriptions dudit règlement.

Cette mise en demeure sera faite par écrit sur le registre de l'usine ; elle sera datée et signée, indiquera les contraventions relevées et fixera un délai à l'expiration duquel ces contraventions devront avoir disparu. Ce délai ne sera jamais inférieur à un mois.

Dans les quinze jours qui suivent cette mise en demeure, le chef d'industrie adresse, s'il le juge convenable, une réclamation au Ministre du commerce et de l'industrie. Ce dernier peut, lorsque l'obéissance à la mise en demeure nécessite des transformations importantes portant sur le gros œuvre de l'usine, après avis conforme du Comité des arts et manufactures, accorder à l'industriel un délai dont la durée, dans tous les cas, ne dépassera jamais dix-huit mois.

Notification de la décision est faite à l'industriel dans la forme administrative ; avis en est donné à l'inspecteur.

Art. 7. Les chefs d'industrie, directeurs, gérants ou préposés, qui auront contrevenu aux dispositions de la présente loi et des règlements d'administration publique relatifs à son exécution seront poursuivis devant le tribunal de simple police et punis d'une amende de 5 francs à 15 francs. L'amende sera appliquée autant de fois qu'il y aura de contraventions distinctes constatées par le procès-verbal, sans toutefois que le chiffre total des amendes puisse excéder 200 francs.

Le jugement fixera, en outre, le délai dans lequel seront exécutés les travaux de sécurité et de salubrité imposés par la loi.

Les chefs d'industrie sont civilement responsables des condamnations prononcées contre leurs directeurs, gérants ou préposés.

Art. 8. Si, après une condamnation prononcée en vertu de l'article précédent les mesures de sécurité ou de salubrité imposées par la présente loi ou par les règlements d'administration publique n'ont pas été exécutées dans le délai fixé par le jugement qui a prononcé la condamnation, l'affaire est, sur un nouveau procès-verbal, portée devant le tribunal correctionnel, qui peut, après une nouvelle mise en demeure restée sans résultat, ordonner la fermeture de l'établissement.

Le jugement sera susceptible d'appel ; la cour statuera d'urgence.

Art. 9. En cas de récidive, le contrevenant sera poursuivi devant le tribunal correctionnel et puni d'une amende de 5o à 5oo francs, sans que la totalité des amendes puisse excéder 2 ooo francs.

Il y a récidive lorsque le contrevenant a été frappé, dans les douze mois qui ont précédé le fait qui est l'objet de la poursuite, d'une première condamnation pour infraction à la présente loi ou aux règlements d'administration publique relatifs à son exécution.

Art. 1o. Les inspecteurs devront fournir, chaque année, des rapports circonstanciés sur l'application de la présente loi dans toute l'étendue de leur circonscription. Ces rapports mentionneront les accidents dont les ouvriers auront été victimes et leurs causes. Ils contiendront les propositions relatives aux prescriptions nouvelles qui seraient de nature à mieux assurer la sécurité du travail.

Un rapport d'ensemble, résumant ces communications, sera publié tous les ans par les soins du Ministre du commerce et de l'industrie.

Art. 11. Tout accident ayant causé une blessure à un ou plusieurs ouvriers, survenu dans l'un des établissements mentionnés à l'article 1er et au dernier paragraphe de l'article 2, sera l'objet d'une déclaration par le chef de l'entreprise ou, à son défaut et en son absence, par le préposé.

Cette déclaration contiendra le nom et l'adresse des témoins de l'accident ; elle sera faite dans les quarante-huit heures au maire de la commune, qui en dressera procès-verbal dans la forme à déterminer par un règlement d'administration publique. A cette déclaration sera joint, produit par le patron, un certificat du médecin indiquant l'état du blessé, les suites probables de l'accident et l'époque à laquelle il sera possible d'en connaître le résultat définitif.

Récépissé de la déclaration et du certificat médical sera remis, séance tenante, au déposant. Avis de l'accident est donné immédiatement par le maire à l'inspecteur divisionnaire ou départemental.

Art. 12. Seront punis d'une amende de 1oo à 5oo francs et, en cas de récidive, de 5oo à 1 ooo francs, tous ceux qui auront mis obstacle à l'accomplissement des devoirs d'un inspecteur.

Les dispositions du Code pénal qui prévoient et répriment les actes de résistance, les outrages et les violences contre les officiers de la police judiciaire sont, en outre, applicables à ceux qui se rendront coupables de faits de même nature à l'égard des inspecteurs.

Art. 13. Il n'est rien innové quant à la surveillance des appareils à vapeur.

Art. 14. L'article 463 du Code pénal est applicable aux condamnations prononcées en vertu de la présente loi.

Art. 15. Sont et demeureront abrogées toutes les dispositions des lois et règlements contraires à la présente loi.

La présente loi, délibérée et adoptée par le Sénat et par la Chambre des députés, sera exécutée comme loi de l'État.

DÉCRET DU 10 MARS 1894

sur l'hygiène des ateliers.

(Complété par les décrets des 14 juillet 1901 et 6 août 1902.)

Le Président de la République française,

Sur le rapport du Ministre du commerce, de l'industrie et des colonies;
Vu l'article 3 de la loi du 12 juin 1893, ainsi conçu :

« Des règlements d'administration publique, rendus après avis du Comité consultatif des arts et manufactures, détermineront :

« 1° Dans les trois mois de la promulgation de la présente loi, les mesures générales de protection et de salubrité applicables à tous les établissements assujettis, notamment en ce qui concerne l'éclairage, l'aération ou la ventilation, les eaux potables, les fosses d'aisances, l'évacuation des poussières et vapeurs, les précautions à prendre contre l'incendie, etc.;

« 2° Au fur et à mesure des nécessités constatées, les prescriptions particulières relatives soit à certaines industries, soit à certains modes de travail ;

« Le Comité consultatif d'hygiène publique de France sera appelé à donner son avis en ce qui concerne les règlements généraux prévus au paragraphe 2 du présent article » ;

Vu l'avis du Comité consultatif d'hygiène publique de France ;
Vu l'avis du Comité consultatif des arts et manufactures ;
Le Conseil d'État entendu ;

DÉCRÈTE :

ARTICLE PREMIER. Les emplacements affectés au travail dans les manufactures, fabriques, usines, chantiers, ateliers de tous genres et leurs dépendances seront tenus en état constant de propreté. Le sol sera nettoyé à fond au moins une fois par jour avant l'ouverture ou après la clôture du travail, mais jamais pendant le travail. Ce nettoyage sera fait soit par un lavage, soit à l'aide de brosses ou de linges humides si les conditions de l'industrie ou de la nature du revêtement du sol s'opposent au lavage. Les murs et les plafonds seront l'objet de fréquents nettoyages ; les enduits seront refaits toutes les fois qu'il sera nécessaire.

ART. 2. Dans les locaux où l'on travaille des matières organiques altérables, le sol sera rendu imperméable et toujours bien nivelé, les murs seront recouverts d'un enduit permettant un lavage efficace.

En outre, le sol et les murs seront lavés aussi souvent qu'il sera nécessaire avec une solution désinfectante. Un lessivage à fond avec la même solution sera fait au moins une fois par an.

Les résidus putrescibles ne devront jamais séjourner dans les locaux affectés au travail et seront enlevés au fur et à mesure.

ART. 3. L'atmosphère des ateliers et de tous les autres locaux affectés au travail sera tenue constamment à l'abri de toute émanation provenant d'égouts, fossés-puisards, fosses d'aisances ou de toute autre source d'infection.

— 44 —

Dans les établissements qui déverseront les eaux résiduaires ou de lavage dans un égout public ou privé, toute communication entre l'égout et l'établissement sera munie d'un intercepteur hydraulique fréquemment nettoyé et abondamment lavé au moins une fois par jour.

Les travaux dans les puits, conduites de gaz, canaux de fumée, fosses d'aisances, cuves ou appareils quelconques pouvant contenir des gaz délétères ne seront entrepris qu'après que l'atmosphère aura été assainie par une ventilation efficace. Les ouvriers appelés à travailler dans ces conditions seront attachés par une ceinture de sûreté.

Art. 4. Les cabinets d'aisances ne devront pas communiquer directement avec les locaux fermés où seront employés des ouvriers ; ils seront éclairés « et aménagés de manière à ne dégager aucune odeur » (¹). Le sol et les parois seront en matériaux imperméables, les peintures seront d'un ton clair.

Il y aura au moins un cabinet pour cinquante personnes et des urinoirs en nombre suffisant.

Aucun puits absorbant, aucune disposition analogue ne pourra être établie qu'avec l'autorisation de l'administration supérieure et dans les conditions qu'elle aura prescrites.

Art. 5. Les locaux fermés affectés au travail ne seront jamais encombrés ; le cube d'air par ouvrier ne pourra pas être inférieur à 6 mètres cubes.

Ils seront largement aérés « et, en hiver, convenablement chauffés » (²). Ces locaux, leurs dépendances et notamment les passages et escaliers seront convenablement éclairés.

Art. 6. Les poussières ainsi que les gaz incommodes, insalubres ou toxiques seront évacués directement au dehors de l'atelier au fur et à mesure de leur production.

Pour les buées, vapeurs, gaz, poussières légères, il sera installé des hottes avec cheminées d'appel ou tout autre appareil d'élimination efficace.

Pour les poussières déterminées par les meules, les batteurs, les broyeurs et tous autres appareils mécaniques, il sera installé, autour des appareils, des tambours en communication avec une ventilation aspirante énergique.

Pour les gaz lourds, tels que vapeurs de mercure, de sulfure de carbone, la ventilation aura lieu *per descensum :* les tables ou appareils de travail seront mis en communication directe avec le ventilateur.

La pulvérisation des matières irritantes ou toxiques ou autres opérations telles que le tamisage et l'embarillage de ces matières se feront mécaniquement en appareils clos.

L'air des ateliers sera renouvelé de façon à rester dans l'état de pureté nécessaire à la santé des ouvriers.

Art. 7. Pour les industries désignées par arrêté ministériel, après avis du Comité consultatif des arts et manufactures, les vapeurs, les gaz incommodes et insalubres et les poussières seront condensés ou détruits.

Art. 8. Les ouvriers ne devront point prendre leurs repas dans les ateliers ni dans aucun local affecté au travail.

Les patrons mettront à la disposition de leur personnel les moyens d'assurer la propreté individuelle, vestiaires avec lavabos, ainsi que l'eau de bonne qualité pour la boisson.

---

(1) Décret du 6 août 1902.
(2) Décret du 14 juillet 1901.

Art. 9. Pendant les interruptions de travail pour les repas, les ateliers seront évacués et l'air en sera entièrement renouvelé.

Art. 10. Les moteurs à vapeur, à gaz, les moteurs électriques, les roues hydrauliques, les turbines, ne seront accessibles qu'aux ouvriers affectés à leur surveillance. Ils seront isolés par des cloisons ou barrières de protection.

Les passages entre les machines, mécanismes, outils mus par ces moteurs auront une largeur d'au moins 80 centimètres : le sol des intervalles sera nivelé.

Les escaliers seront solides et munis de fortes rampes.

Les puits, trappes, cuves, bassins, réservoirs de liquides corrosifs ou chauds, seront pourvus de solides barrières ou garde-corps.

Les échafaudages seront munis, sur toutes leurs faces, de garde-corps de 90 centimètres de haut.

Art. 11. Les monte-charges, ascenseurs, élévateurs seront guidés et disposés de manière que la voie de la cage du monte-charge et des contre-poids soit fermée ; que la fermeture du puits à l'entrée des divers étages ou galeries s'effectue automatiquement ; que rien ne puisse tomber du monte-charge dans le puits.

Pour les monte-charges destinés à transporter le personnel, la charge devra être calculée au tiers de la charge admise pour le transport des marchandises, et les monte-charges seront pourvus de freins, chapeaux, parachutes ou autres appareils préservateurs.

Art. 12. Toutes les pièces saillantes mobiles et autres parties dangereuses des machines, et notamment les bielles, roues, volants, les courroies et câbles, les engrenages, les cylindres et cônes de friction ou tous autres organes de transmission qui seraient reconnus dangereux seront munis de dispositifs protecteurs, tels que gaines et chéneaux de bois ou de fer, tambours pour les courroies et les bielles, ou de couvre-engrenage, garde-mains, grillages.

Les machines-outils à instruments tranchants, tournant à grande vitesse, telles que machines à scier, fraiser, raboter, découper, hacher, les cisailles, coupe-chiffons et autres engins semblables seront disposés de telle sorte que les ouvriers ne puissent, de leur poste de travail, toucher involontairement les instruments tranchants.

Sauf le cas d'arrêt du moteur, le maniement des courroies sera toujours fait par le moyen de systèmes tels que monte-courroie, porte-courroie, évitant l'emploi direct de la main.

On devra prendre autant que possible des dispositions telles qu'aucun ouvrier ne soit habituellement occupé à un travail quelconque dans le plan de rotation ou aux abords immédiats d'un volant, d'une meule ou de tout engin pesant et tournant à grande vitesse.

Art. 13. La mise en train et l'arrêt des machines devront être toujours précédés d'un signal convenu.

Art. 14. L'appareil d'arrêt des machines motrices sera toujours placé sous la main des conducteurs qui dirigent ces machines.

Les contremaîtres ou chefs d'atelier, les conducteurs de machines-outils, métiers, etc., auront à leur portée le moyen de demander l'arrêt des moteurs.

« Chaque machine-outil, métier, etc., sera en outre installé et entretenu de manière à pouvoir être isolé par son conducteur de la commande qui l'actionne » (¹).

Art. 15. Des dispositifs de sûreté devront être installés dans la mesure du possible pour le nettoyage et le graissage des transmissions ou mécanisme en marche.

En cas de réparation d'un organe mécanique quelconque, son arrêt devra être assuré par un calage convenable de l'embrayage ou du volant ; il en sera de même pour les opérations de nettoyage qui exigent l'arrêt des organes mécaniques.

Art. 16. Les sorties des ateliers sur les cours, vestibules, escaliers et autres dépendances intérieures de l'usine doivent être munies de portes s'ouvrant de dedans en dehors. Ces sorties seront assez nombreuses pour permettre l'évacuation rapide de l'atelier ; elles seront toujours libres et ne devront jamais être encombrées de marchandises, de matières en dépôt ni d'objets quelconques.

Le nombre des escaliers sera calculé de manière que l'évacuation de tous les étages d'un corps de bâtiment contenant des ateliers puisse se faire immédiatement.

Dans les ateliers occupant plusieurs étages, la construction d'un escalier incombustible pourra, si la sécurité l'exige, être prescrite par une décision du Ministre du commerce, après avis du Comité des arts et manufactures.

Les récipients pour l'huile ou le pétrole servant à l'éclairage seront placés dans des locaux séparés et jamais au voisinage des escaliers.

Art. 17. Les machines dynamos devront être isolées électriquement.

Elles ne seront jamais placées dans un atelier où des corps explosifs, des gaz détonants ou des poussières inflammables se manient ou se produisent.

Les conducteurs électriques placés en plein air pourront rester nus ; dans ce cas, ils devront être portés par des isolateurs de porcelaine ou de verre ; ils seront écartés des masses métalliques, telles que gouttières, tuyaux de descente, etc.

A l'intérieur des ateliers, les conducteurs nus destinés à des prises de courant sur leur parcours seront écartés des murs, hors de la portée de la main, et convenablement isolés.

Les autres conducteurs seront protégés par des enveloppes isolantes.

Toutes précautions seront prises pour l'échauffement des conducteurs à l'aide de coupe-circuits et autres dispositifs analogues.

Art. 18. Les ouvriers et ouvrières qui ont à se tenir près des machines doivent porter des vêtements ajustés et non flottants.

Art. 19. Les délais d'exécution des travaux de transformation qu'implique le présent règlement sont fixés : à trois mois à compter de sa promulgation, pour les articles 2, § 1 ; 3, § 2 ; 4, § 1 et 2 ; 6, § 1, 2, 3, 4 et 5 ; 8, § 2 ; 11 ; 12, § 1, 2 et 3 ; 14, § 2 ; 15, § 1 ; 16, § 1 et 2 ; 17, et à un an pour les articles 5, § 1 et 10, § 2.

Art. 20. Le Ministre du commerce, de l'industrie et des colonies est chargé de l'exécution du présent décret, qui sera inséré au *Bulletin des lois* et publié au *Journal officiel* de la République française.

Fait à Paris, le 10 mars 1894.

---

(1) Décret du 6 août 1902.

DÉCRET DU 29 JUIN 1895

réglementant le travail dans les fabriques de vert de Schweinfurt.

Le Président de la République française,

Sur le rapport du Ministre du commerce, de l'industrie, des postes et des télégraphes ;

Vu l'article 3 de la loi du 12 juin 1893 ainsi conçu :

« Des règlements d'administration publique rendus après avis du Comité consultatif des arts et manufactures détermineront :

« 1° Dans les trois mois de la promulgation de la présente loi, les mesures générales de protection et de salubrité applicables à tous les établissements assujettis, notamment en ce qui concerne l'éclairage, l'aération ou la ventilation, les eaux potables, les fosses d'aisances, l'évacuation des poussières et vapeurs, les précautions à prendre contre les incendies, etc. ;

« 2° Au fur et à mesure des nécessités constatées, les prescriptions particulières relatives soit à certaines industries, soit à certains modes de travail.

« Le Comité consultatif d'hygiène publique de France sera appelé à donner son avis en ce qui concerne les règlements généraux prévus au paragraphe 2 du présent article » ;

Vu le décret du 10 mars 1894 sur l'hygiène et la sécurité des ateliers ;

Vu l'avis du Comité consultatif d'hygiène de France ;

Vu l'avis du Comité consultatif des arts et manufactures ;

Le Conseil d'État entendu,

DÉCRÈTE :

ARTICLE PREMIER. Dans les établissements où l'on fabrique de l'acéto-arsénite de cuivre dit *vert de Schweinfurt*, les chefs d'industrie, directeurs ou gérants sont tenus, indépendamment des mesures générales prescrites par le décret du 10 mars 1894, de prendre les mesures particulières de protection et de salubrité énoncées aux articles suivants :

ART. 2. Le sol et les murs des ateliers dans lesquels on fait la dissolution des produits employés, la précipitation et le filtrage du vert seront fréquemment lavés et maintenus en état constant d'humidité. La même prescription sera appliquée aux parois extérieures des cuves ou autres vases servant à celles de ces opérations qui se font à une température inférieure à l'ébullition.

ART. 3. Les appareils dans lesquels les liqueurs sont portées à l'ébullition seront ou bien clos, ou au moins surmontés d'une hotte communiquant avec l'extérieur.

ART. 4. Le séchage du vert doit être pratiqué dans une étuve hermétiquement close, sauf le tuyau d'aération, et dans laquelle les ouvriers n'auront accès qu'après son refroidissement.

ART. 5. Les chefs d'industrie, directeurs ou gérants, seront tenus de mettre à la disposition des ouvriers employés aux diverses opérations, des masques, éponges mouillées ou autres moyens de protection efficaces des voies respiratoires ; ils devront leur donner des gants de travail en toile pour protéger leurs mains. Les gants, éponges, masques seront fréquemment lavés.

Ils doivent fournir, en outre, de la poudre de talc ou de fécule pour que les ouvriers s'en couvrent les mains ainsi que les autres parties du corps particulièrement aptes à l'absorption des poussières.

Art. 6. Les chefs d'industrie, directeurs ou gérants, doivent fournir aux ouvriers des vêtements consacrés exclusivement au travail et susceptibles d'être serrés au col, aux poignets et aux chevilles. Ils assureront le lavage fréquent de ces vêtements.

Art. 7. Les chefs d'industrie, directeurs ou gérants seront tenus d'afficher le texte du présent décret dans un endroit apparent dans leurs ateliers.

Art. 8. Le Ministre du commerce, de l'industrie, des postes et des télégraphes est chargé de l'exécution du présent décret, qui sera inséré au *Bulletin des lois* et publié au *Journal officiel* de la République française.

DÉCRET DU 18 JUILLET 1902

réglementant l'emploi du blanc de céruse dans l'industrie de la peinture en bâtiment.

Le Président de la République française,

Sur le rapport du Ministre du commerce, de l'industrie, des postes et des télégraphes ;

Vu l'article 3 de la loi du 12 juin 1893 ainsi conçu : ,

« Des règlements d'administration publique, rendus après avis du Comité consultatif des arts et manufactures, détermineront :

« 1° Dans les trois mois de la promulgation de la présente loi, les mesures générales de protection et de salubrité applicables à tous les établissements assujettis, notamment en ce qui concerne l'éclairage, l'aération ou la ventilation, les eaux potables, les fosses d'aisances, l'évacuation des poussières et vapeurs, les précautions à prendre contre les incendies, etc. ;

« 2° Au fur et à mesure des nécessités constatées, les prescriptions particulières relatives soit à certaines industries, soit à certains modes de travail.

« Le Comité consultatif d'hygiène publique de France sera appelé à donner son avis en ce qui concerne les règlements généraux prévus au paragraphe 2 du présent article » ;

Vu l'avis du Comité consultatif des arts et manufactures ;

Le Conseil d'État entendu,

Décrète :

Article premier. La céruse ne peut être employée qu'à l'état de pâte dans les ateliers de peinture en bâtiment.

Art. 2. Il est interdit d'employer directement avec la main les produits à base de céruse dans les travaux de peinture en bâtiment.

Art. 3. Le travail à sec au grattoir et le ponçage à sec des peintures au blanc de céruse sont interdits.

Art. 4. Dans les travaux de grattage et de ponçage humides, et généralement dans tous les travaux de peinture à la céruse, les chefs d'industrie devront mettre à la disposition de leurs ouvriers des surtouts exclusivement affectés au travail et en prescriront l'emploi. Ils assureront le bon entretien et le lavage fréquent de ces vêtements.

Les objets nécessaires aux soins de propreté seront mis à la disposition des ouvriers sur le lieu même du travail.

Les engins et outils seront tenus en bon état de propreté. Leur nettoyage sera effectué sans grattage à sec.

Art. 5. Les chefs d'industrie seront tenus d'afficher le texte du présent décret dans les locaux où se font le recrutement et la paye des ouvriers.

Art. 6. Le ministre du commerce, de l'industrie, des postes et des télégraphes est chargé de l'exécution du présent décret qui sera inséré au *Bulletin des Lois* et au *Journal officiel* de la République française.

IV. — ACCIDENTS DU TRAVAIL.

LOI DU 9 AVRIL 1898

*concernant les responsabilités des accidents dont les ouvriers
sont victimes dans leur travail.*

(Modifiée par la loi du 22 mars 1902.)

Le Sénat et la Chambre des députés ont adopté,
Le Président de la République promulgue la loi dont la teneur suit :

TITRE PREMIER.

INDEMNITÉ EN CAS D'ACCIDENTS.

Article premier. Les accidents survenus par le fait du travail, ou à l'occasion du travail, aux ouvriers et employés occupés dans l'industrie du bâtiment, les usines, manufactures, chantiers, les entreprises de transport par terre et par eau, de chargement et de déchargement, les magasins publics, mines, minières, carrières et, en outre, dans toute *exploitation* ou partie d'exploitation dans laquelle sont fabriquées ou mises en œuvre des matières explosives, ou dans laquelle il est fait usage d'une machine mue par une force autre que celle de l'homme ou des animaux, donnent droit, au profit de la victime ou de ses représentants, à une indemnité à la charge du chef d'entreprise, à la condition que l'interruption de travail ait duré plus de quatre jours.

Les ouvriers qui travaillent seuls d'ordinaire ne pourront être assujettis à la présente loi par le fait de la collaboration accidentelle d'un ou de plusieurs de leurs camarades.

Art. 2. (*Loi du 22 mars 1902.*) « Les ouvriers et employés désignés à l'article précédent ne peuvent se prévaloir, à raison des accidents dont ils sont victimes dans leur travail, d'aucunes dispositions autres que celles de la présente loi.

« Ceux dont le salaire annuel dépasse deux mille quatre cents francs (2 400 fr.) ne bénéficient de ces dispositions que jusqu'à concurrence de cette somme. Pour le surplus, ils n'ont droit qu'au quart des rentes stipulées à l'article 3, à moins de conventions contraires élevant le chiffre de la quotité. »

Art. 3. Dans les cas prévus à l'article 1er, l'ouvrier ou l'employé a droit :

Pour l'incapacité absolue et permanente, à une rente égale aux deux tiers de son salaire annuel ;

Pour l'incapacité partielle et permanente, à une rente égale à la moitié de la réduction que l'accident aura fait subir au salaire ;

Pour l'incapacité temporaire, à une indemnité journalière égale à la moitié du salaire touché au moment de l'accident, si l'incapacité de travail a duré plus de quatre jours et à partir du cinquième jour.

Lorsque l'accident est suivi de mort, une pension est servie aux personnes ci-après désignées, à partir du décès, dans les conditions suivantes :

A. Une rente viagère égale à 20 p. 100 du salaire annuel de la victime pour le conjoint survivant non divorcé ou séparé de corps, à la condition que le mariage ait été contracté antérieurement à l'accident.

En cas de nouveau mariage, le conjoint cesse d'avoir droit à la rente mentionnée ci-dessus ; il lui sera alloué, dans ce cas, le triple de cette rente à titre d'indemnité totale.

B. Pour les enfants, légitimes ou naturels, reconnus avant l'accident, orphelins de père ou de mère, âgés de moins de 16 ans, une rente calculée sur le salaire annuel de la victime à raison de 15 p. 100 de ce salaire s'il n'y a qu'un enfant, de 25 p. 100 s'il y en a deux, de 35 p. 100 s'il y en a trois, et de 40 p. 100 s'il y en a quatre ou un plus grand nombre.

Pour les enfants, orphelins de père et de mère, la rente est portée pour chacun d'eux à 20 p. 100 du salaire.

L'ensemble de ces rentes ne peut, dans le premier cas, dépasser 40 p. 100 du salaire ni 60 p. 100 dans le second.

C. Si la victime n'a ni conjoint, ni enfant dans les termes des paragraphes A et B, chacun des ascendants et descendants qui était à sa charge recevra une rente viagère pour les ascendants et payable jusqu'à 16 ans pour les descendants. Cette rente sera égale à 10 p. 100 du salaire annuel de la victime, sans que le montant total des rentes ainsi allouées puisse dépasser 30 p. 100.

Chacune des rentes prévues par le paragraphe C est, le cas échéant, réduite proportionnellement.

Les rentes constituées en vertu de la présente loi sont payables par trimestre ; elles sont incessibles et insaisissables.

Les ouvriers étrangers, victimes d'accidents qui cesseront de résider sur le territoire français recevront, pour toute indemnité, un capital égal à trois fois la rente qui leur avait été allouée.

Les représentants d'un ouvrier étranger ne recevront aucune indemnité si, au moment de l'accident, ils ne résidaient pas sur le territoire français.

Art. 4. Le chef d'entreprise supporte en outre les frais médicaux et pharmaceutiques et les frais funéraires. Ces derniers sont évalués à la somme de cent francs (100 fr.) au maximum.

Quant aux frais médicaux et pharmaceutiques, si la victime a fait choix elle-même de son médecin, le chef d'entreprise ne peut être tenu que jusqu'à concurrence de la somme fixée par le juge de paix du canton, conformément aux tarifs adoptés dans chaque département pour l'assistance médicale gratuite.

Art. 5. Les chefs d'entreprise peuvent se décharger pendant les trente, soixante ou quatre-vingt-dix premiers jours à partir de l'accident, de l'obligation de payer aux victimes les frais de maladie et l'indemnité temporaire, ou une partie seulement de cette indemnité, comme il est spécifié ci-après, s'ils justifient :

1° Qu'ils ont affilié leurs ouvriers à des sociétés de secours mutuels et pris à leur charge une quote-part de la cotisation qui aura été déterminée d'un commun accord, et en se conformant aux statuts-type approuvés par le Ministre compétent, mais qui ne devra pas être inférieure au tiers de cette cotisation ;

2° Que ces sociétés assurent à leurs membres, en cas de blessures, pendant trente, soixante ou quatre-vingt-dix jours les soins médicaux et pharmaceutiques et une indemnité journalière.

Si l'indemnité journalière servie par la société est inférieure à la moitié du salaire quotidien de la victime, le chef d'entreprise est tenu de lui verser la différence.

ART. 6. Les exploitants de mines, minières et carrières peuvent se décharger des frais et indemnités mentionnés à l'article précédent moyennant une subvention annuelle versée aux caisses ou sociétés de secours constituées dans ces entreprises en vertu de la loi du 29 juin 1894.

Le montant et les conditions de cette subvention devront être acceptés par la société et approuvés par le Ministre des travaux publics.

Ces deux dispositions seront applicables à tous autres chefs d'industrie qui auront créé en faveur de leurs ouvriers des caisses particulières de secours en conformité du titre III de la loi du 29 juin 1894. L'approbation prévue ci-dessus sera, en ce qui les concerne, donnée par le Ministre du commerce et de l'industrie.

ART. 7. (*Loi du 22 mars 1902.*) « Indépendamment de l'action résultant de la présente loi, la victime ou ses représentants conservent contre les auteurs de l'accident, autres que le patron ou ses ouvriers et préposés, le droit de réclamer la réparation du préjudice causé, conformément aux règles du droit commun.

« L'indemnité qui leur sera allouée exonérera à due concurrence le chef de l'entreprise des obligations mises à sa charge. Dans le cas où l'accident a entraîné une incapacité permanente ou la mort, cette indemnité devra être attribuée sous forme de rentes servies par la Caisse nationale des retraites.

« En outre de cette allocation sous forme de rente, le tiers reconnu responsable pourra être condamné, soit envers la victime, soit envers le chef de l'entreprise, si celui-ci intervient dans l'instance, au payement des autres indemnités et frais prévus aux articles 3 et 4 ci-dessus.

« Cette action contre les tiers responsables pourra même être exercée par le chef d'entreprise, à ses risques et périls, au lieu et place de la victime ou de ses ayants droit si ceux-ci négligent d'en faire usage. »

ART. 8. Le salaire qui servira de base à la fixation de l'indemnité allouée à l'ouvrier âgé de moins de seize ans ou à l'apprenti victime d'un accident ne sera pas inférieur au salaire le plus bas des ouvriers valides de la même catégorie occupés dans l'entreprise.

Toutefois, dans le cas d'incapacité temporaire, l'indemnité de l'ouvrier âgé de moins de seize ans ne pourra pas dépasser le montant de son salaire.

ART. 9. Lors du règlement définitif de la rente viagère, après le délai de revision prévu à l'article 19, la victime peut demander que le quart au plus du capital nécessaire à l'établissement de cette rente, calculé d'après les tarifs dressés pour les victimes d'accidents par la Caisse des retraites pour la vieillesse, lui soit attribué en espèces.

Elle peut aussi demander que ce capital, ou ce capital réduit du quart au plus comme il vient d'être dit, serve à constituer sur sa tête une rente viagère réversible, pour moitié au plus, sur la tête de son conjoint. Dans ce cas, la rente viagère sera diminuée de façon qu'il ne résulte de la réversibilité aucune augmentation de charges pour le chef de l'entreprise.

Le tribunal, en chambre du conseil, statuera sur ces demandes.

Art. 10. Le salaire servant de base à la fixation des rentes s'entend, pour l'ouvrier occupé dans l'entreprise pendant les douze mois écoulés avant l'accident, de la rémunération effective qui lui a été allo·ée pendant ce temps, soit en argent, soit en nature.

Pour les ouvriers occupés pendant moins de douze mois avant l'accident, il doit s'entendre de la rémunération effective qu'ils ont reçue depuis leur entrée dans l'entreprise, augmentée de la rémunération moyenne qu'ont reçue, pendant la période nécessaire pour compléter les douze mois, les ouvriers de la même catégorie.

Si le travail n'est pas continu, le salaire annuel est calculé tant d'après la rémunération reçue pendant la période d'activité que d'après le gain de l'ouvrier pendant le reste de l'année.

TITRE II.

DÉCLARATION DES ACCIDENTS ET ENQUÊTES.

Art. 11. (*Loi du 22 mars 1902.*) « Tout accident ayant occasionné une incapacité de travail doit être déclaré dans les quarante-huit heures, non compris les dimanches et jours fériés, par le chef d'entreprise ou ses préposés, au maire de la commune qui en dresse procès-verbal et en délivre immédiatement récépissé.

« La déclaration et le procès-verbal doivent indiquer, dans la forme réglée par décret, les nom, qualité et adresse du chef d'entreprise, le lieu précis, l'heure et la nature de l'accident, les circonstances dans lesquelles il s'est produit, la nature des blessures, les noms et adresses des témoins.

« Dans les quatre jours qui suivent l'accident, si la victime n'a pas repris son travail, le chef d'entreprise doit déposer à la mairie, qui lui en délivre immédiatement récépissé, un certificat de médecin indiquant l'état de la victime, les suites probables de l'accident et l'époque à laquelle il sera possible d'en connaître le résultat définitif.

« La déclaration d'accident pourra être faite dans les mêmes conditions par la victime ou ses représentants jusqu'à l'expiration de l'année qui suit l'accident.

« Avis de l'accident, dans les formes réglées par décret, est donné immédiatement par le maire à l'inspecteur départemental du travail ou à l'ingénieur ordinaire des mines chargé de la surveillance de l'entreprise.

« L'article 15 de la loi du 2 novembre 1892 et l'article 11 de la loi du 12 juin 1893 cessent d'être applicables dans les cas visés par la présente loi. »

Art. 12. (*Loi du 22 mars 1902.*) « Dans les vingt-quatre heures qui suivent le dépôt du certificat et au plus tard dans les cinq jours qui suivent la déclaration de l'accident, le maire transmet au juge de paix du canton où l'accident s'est produit la déclaration et soit le certificat médical, soit l'attestation qu'il n'a pas été produit de certificat.

« Lorsque, d'après le certificat médical, produit en exécution du paragraphe précédent ou transmis ultérieurement par la victime à la justice de paix, la blessure paraît devoir entraîner la mort ou une incapacité permanente, absolue ou partielle de travail, ou lorsque la victime est décédée, le juge de paix, dans les vingt-quatre heures, procède à une enquête à l'effet de rechercher:

« 1° La cause, la nature et les circonstances de l'accident ;

« 2° Les personnes victimes et le lieu où elles se trouvent, le lieu et la date de leur naissance ;

« 3° La nature des lésions ;

« 4° Les ayants droit pouvant, le cas échéant, prétendre à une indemnité, le lieu et la date de leur naissance ;

« 5° Le salaire quotidien et le salaire annuel des victimes ;

« 6° La société d'assurance à laquelle le chef d'entreprise était assuré ou le syndicat de garantie auquel il était affilié.

« Les allocations tarifées pour le juge de paix et son greffier en exécution de l'article 29 de la présente loi et de l'article 31 de la loi de finances du 13 avril 1900 seront avancées par le Trésor. »

Art. 13. L'enquête a lieu contradictoirement dans les formes prescrites par les articles 35, 36, 37, 38 et 39 du Code de procédure civile, en présence des parties intéressées ou celles-ci convoquées d'urgence par lettre recommandée.

Le juge de paix doit se transporter auprès de la victime de l'accident qui se trouve dans l'impossibilité d'assister à l'enquête.

Lorsque le certificat médical ne lui paraîtra pas suffisant, le juge de paix pourra désigner un médecin pour examiner le blessé.

Il peut aussi commettre un expert pour l'assister dans l'enquête.

Il n'y a pas lieu, toutefois, à nomination d'expert dans les entreprises administrativement surveillées, ni dans celles de l'État placées sous le contrôle d'un service distinct du service de gestion, ni dans les établissements nationaux où s'effectuent des travaux que la sécurité publique oblige à tenir secrets. Dans ces divers cas, les fonctionnaires chargés de la surveillance ou du contrôle de ces établissements ou entreprises et, en ce qui concerne les exploitations minières, les délégués à la sécurité des ouvriers mineurs, transmettent au juge de paix, pour être joint au procès-verbal d'enquête, un exemplaire de leur rapport.

Sauf les cas d'impossibilité matérielle dûment constatés dans le procès-verbal, l'enquête doit être close dans le plus bref délai et, au plus tard, dans les dix jours à partir de l'accident. Le juge de paix avertit, par lettre recommandée, les parties de la clôture de l'enquête et du dépôt de la minute au greffe, où elles pourront, pendant un délai de cinq jours, en prendre connaissance et s'en faire délivrer une expédition, affranchie du timbre et de l'enregistrement. A l'expiration de ce délai de cinq jours, le dossier de l'enquête est transmis au président du tribunal civil de l'arrondissement.

Art. 14. Sont punis d'une amende de un à quinze francs (1 à 15 fr.) les chefs d'industrie ou leurs préposés qui ont contrevenu aux dispositions de l'article 11.

En cas de récidive dans l'année, l'amende peut être élevée de seize à trois cents francs (16 à 300 fr.).

L'article 463 du Code pénal est applicable aux contraventions prévues par le présent article.

TITRE III.

COMPÉTENCE. — JURIDICTIONS. — PROCÉDURE — RÉVISION.

Art. 15. Les contestations entre les victimes d'accidents et les chefs d'entreprise, relatives aux frais funéraires, aux frais de maladie ou aux indemnités temporaires, sont jugées en dernier ressort par le juge de paix du canton où l'accident s'est produit, à quelque chiffre que la demande puisse s'élever.

ART. 16. En ce qui touche les autres indemnités prévues par la présente loi, le président du tribunal de l'arrondissement convoque, dans les cinq jours à partir de la transmission du dossier, la victime ou ses ayants droit et le chef d'entreprise, qui peut se faire représenter.

S'il y a accord des parties intéressées, l'indemnité est définitivement fixée par l'ordonnance du président, qui donne acte de cet accord.

Si l'accord n'a pas lieu, l'affaire est renvoyée devant le tribunal, qui statue comme en matière sommaire, conformément au titre XXIV du livre II du Code de procédure civile.

Si la cause n'est pas en état, le tribunal sursoit à statuer et l'indemnité temporaire continuera à être servie jusqu'à la décision définitive.

Le tribunal pourra condamner le chef d'entreprise à payer une provision; sa décision sur ce point sera exécutoire nonobstant appel.

ART. 17. (*Loi du 22 mars 1902.*) « Les jugements rendus en vertu de la présente loi sont susceptibles d'appel selon les règles du droit commun. Toutefois l'appel, sous réserve des dispositions de l'article 449 du Code de procédure civile, devra être interjeté dans les trente jours de la date du jugement s'il est contradictoire, et, s'il est par défaut, dans la quinzaine à partir du jour où l'opposition ne sera plus recevable.

« L'opposition ne sera plus recevable en cas de jugement par défaut contre partie, lorsque le jugement aura été signifié à personne, passé le délai de quinze jours à partir de cette signification.

« La cour statuera d'urgence dans le mois de l'acte d'appel. Les parties pourront se pourvoir en cassation.

« Toutes les fois qu'une expertise médicale sera ordonnée, soit par le juge de paix, soit par le tribunal ou par la cour d'appel, l'expert ne pourra être le médecin qui a soigné le blessé, ni un médecin attaché à l'entreprise ou à la société d'assurance à laquelle le chef d'entreprise est affilié. »

ART. 18. (*Loi du 22 mars 1902.*) « L'action en indemnité prévue par la présente loi se prescrit par un an à dater du jour de l'accident, ou de la clôture de l'enquête du juge de paix, ou de la cessation du payement de l'indemnité temporaire.

« L'article 55 de la loi du 10 août 1871 et l'article 124 de la loi du 5 avril 1884 ne sont pas applicables aux instances suivies contre les départements ou les communes, en exécution de la présente loi. »

ART. 19. La demande en revision de l'indemnité fondée sur une aggravation ou une atténuation de l'infirmité de la victime ou son décès par suite des conséquences de l'accident, est ouverte pendant trois ans à dater de l'accord intervenu entre les parties ou de la décision définitive.

Le titre de pension n'est remis à la victime qu'à l'expiration des trois ans.

ART. 20. (*Loi du 22 mars 1902.*) « Aucune des indemnités déterminées par la présente loi ne peut être attribuée à la victime qui a intentionnellement provoqué l'accident.

« Le tribunal a le droit, s'il est prouvé que l'accident est dû à une faute inexcusable de l'ouvrier, de diminuer la pension fixée au titre Ier.

« Lorsqu'il est prouvé que l'accident est dû à la faute inexcusable du patron ou de ceux qu'il s'est substitués dans la direction, l'indemnité pourra être majorée, mais sans que la rente ou le total des rentes allouées puisse dépasser soit la réduction, soit le montant du salaire annuel.

« En cas de poursuites criminelles, les pièces de procédure seront communiquées à la victime ou à ses ayants droit.

« Le même droit appartiendra au patron ou à ses ayants droit. »

Art. 21. (*Loi du 22 mars 1902.*) « Les parties peuvent toujours, après détermination du chiffre de l'indemnité due à la victime de l'accident, décider que le service de la pension sera suspendu et remplacé, tant que l'accord subsistera, par tout autre mode de réparation.

« Sauf dans le cas prévu à l'article 3, paragraphe A, la pension ne pourra être remplacée par le payement d'un capital que si elle n'est pas supérieure à 100 francs. »

Art. 22. (*Loi du 22 mars 1902.*) « Le bénéfice de l'assistance judiciaire est accordé de plein droit, sur le visa du procureur de la République, à la victime de l'accident ou à ses ayants droit devant le président du tribunal civil et devant le tribunal.

« Le procureur de la République procède comme il est prescrit à l'article 13 (§§ 2 et suivants) de la loi du 22 janvier 1851, modifiée par la loi du 10 juillet 1901.

« Le bénéfice de l'assistance judiciaire s'applique de plein droit à l'acte d'appel. Le premier président de la cour, sur la demande qui lui sera adressée à cet effet, désignera l'avoué près la cour dont la constitution figurera dans l'acte d'appel, et commettra un huissier pour le signifier.

« Si la victime de l'accident se pourvoit devant le bureau d'assistance judiciaire pour en obtenir le bénéfice en vue de toute la procédure d'appel, elle sera dispensée de fournir les pièces justificatives de son indigence.

« Le bénéfice de l'assistance judiciaire s'étend de plein droit aux instances devant le juge de paix, à tous les actes d'exécution mobilière et immobilière et à toute contestation incidente à l'exécution des décisions judiciaires.

« L'assisté devra faire déterminer par le bureau d'assistance judiciaire de son domicile la nature des actes et procédure d'exécution auxquels l'assistance s'appliquera. »

TITRE IV.

GARANTIES.

Art. 23. La créance de la victime de l'accident ou de ses ayants droit relative aux frais médicaux, pharmaceutiques et funéraires ainsi qu'aux indemnités allouées à la suite de l'incapacité temporaire de travail, est garantie par le privilège de l'article 2101 du Code civil et y sera inscrite sous le n° 6.

Le payement des indemnités pour incapacité permanente de travail ou accidents suivis de mort est garanti conformément aux dispositions des articles suivants.

Art. 24. A défaut, soit par les chefs d'entreprise débiteurs, soit par les sociétés d'assurances à primes fixes ou mutuelles, ou les syndicats de garantie liant solidairement tous leurs adhérents, de s'acquitter, au moment de leur exigibilité, des indemnités mises à leur charge à la suite d'accidents ayant entraîné la mort ou une incapacité permanente de travail, le payement en sera assuré aux intéressés par les soins de la Caisse nationale des retraites pour la vieillesse, au moyen d'un fonds spécial de garantie constitué comme il va être dit et dont la gestion sera confiée à ladite Caisse.

Art. 25. Pour la constitution du fonds spécial de garantie, il sera ajouté au principal de la contribution des patentes des industriels visés par l'article 1er, quatre centimes (o fr. o4) additionnels. Il sera perçu sur les mines une taxe de cinq centimes (o fr. o5) par hectare concédé.

Ces taxes pourront, suivant les besoins, être majorées ou réduites par la loi de finances.

Art. 26. La Caisse nationale des retraites exercera un recours contre les chefs d'entreprise débiteurs, pour le compte desquels des sommes auront été payées par elle, conformément aux dispositions qui précèdent.

En cas d'assurance du chef d'entreprise, elle jouira, pour le remboursement de ses avances, du privilège de l'article 2102 du Code civil sur l'indemnité due par l'assureur et n'aura plus de recours contre le chef d'entreprise.

Un règlement d'administration publique déterminera les conditions d'organisation et de fonctionnement du service conféré par les dispositions précédentes à la Caisse nationale des retraites et, notamment, les formes du recours à exercer contre les chefs d'entreprise débiteurs ou les sociétés d'assurances et les syndicats de garantie, ainsi que les conditions dans lesquelles les victimes d'accidents ou leurs ayants droit seront admis à réclamer à la Caisse le payement de leurs indemnités.

Les décisions judiciaires n'emporteront hypothèque que si elles sont rendues au profit de la Caisse des retraites exerçant son recours contre les chefs d'entreprise ou les compagnies d'assurances.

Art. 27. Les compagnies d'assurances mutuelles ou à primes fixes contre les accidents, françaises ou étrangères, sont soumises à la surveillance et au contrôle de l'État et astreintes à constituer des réserves ou cautionnements dans les conditions déterminées par un règlement d'administration publique.

Le montant des réserves ou cautionnements sera affecté par privilège au payement des pensions et indemnités.

Les syndicats de garantie seront soumis à la même surveillance et un règlement d'administration publique déterminera les conditions de leur création et de leur fonctionnement.

Les frais de toute nature résultant de la surveillance et du contrôle seront couverts au moyen de contributions proportionnelles au montant des réserves ou cautionnements, et fixés annuellement pour chaque compagnie ou association, par arrêté du Ministre du commerce.

Art. 28. Le versement du capital représentatif des pensions allouées en vertu de la présente loi ne peut être exigé des débiteurs.

Toutefois, les débiteurs qui désireront se libérer en une fois pourront verser le capital représentatif de ces pensions à la Caisse nationale des retraites, qui établira à cet effet, dans les six mois de la promulgation de la présente loi, un tarif tenant compte de la mortalité des victimes d'accidents et de leurs ayants droit.

Lorsqu'un chef d'entreprise cesse son industrie, soit volontairement, soit par décès, liquidation judiciaire ou faillite, soit par cession d'établissement, le capital représentatif des pensions à sa charge devient exigible de plein droit et sera versé à la Caisse nationale des retraites. Ce capital sera déterminé au jour de son exigibilité, d'après le tarif visé au paragraphe précédent.

Toutefois, le chef d'entreprise ou ses ayants droit peuvent être exonérés du versement de ce capital, s'ils fournissent des garanties qui seront à déterminer par un règlement d'administration publique.

TITRE V.

DISPOSITIONS GÉNÉRALES.

Art. 29. Les procès-verbaux, certificats, actes de notoriété, significations, jugements et autres actes faits ou rendus en vertu et pour l'exécution de la présente loi, sont délivrés gratuitement, visés pour timbre et enregistrés gratis lorsqu'il y a lieu à la formalité de l'enregistrement.

Dans les six mois de la promulgation de la présente loi, un décret déterminera les émoluments des greffiers de justice de paix pour leur assistance et la rédaction des actes de notoriété, procès-verbaux, certificats, significations, jugements, envois de lettres recommandées, extraits, dépôts de la minute d'enquête au greffe, et pour tous les actes nécessités par l'application de la présente loi, ainsi que les frais de transport auprès des victimes et d'enquête sur place.

Art. 30. Toute convention contraire à la présente loi est nulle de plein droit.

Art. 31. Les chefs d'entreprise sont tenus, sous peine d'une amende de un à quinze francs (1 à 15 fr.), de faire afficher dans chaque atelier la présente loi et les règlements d'administration relatifs à son exécution.

En cas de récidive dans la même année, l'amende sera de seize à cent francs (16 à 100 fr.).

Les infractions aux dispositions des articles 11 et 31 pourront être constatées par les inspecteurs du travail.

Art. 32. Il n'est point dérogé aux lois, ordonnances et règlements concernant les pensions des ouvriers, apprentis et journaliers appartenant aux ateliers de la Marine et celles des ouvriers immatriculés des manufactures d'armes dépendant du Ministère de la guerre.

Art. 33. La présente loi ne sera applicable que trois mois après la publication officielle des décrets d'administration publique qui doivent en régler l'exécution.

Art. 34. Un règlement d'administration publique déterminera les conditions dans lesquelles la présente loi pourra être appliquée à l'Algérie et aux colonies.

La présente loi, délibérée et adoptée par le Sénat et par la Chambre des députés, sera exécutée comme loi de l'État.

DÉCRET DU 23 MARS 1902

relatif à l'exécution des articles 11 et 12 de la loi du 9 avril 1898 modifiée par la loi du 22 mars 1902.

Le Président de la République française,

Sur le rapport du Ministre du commerce, de l'industrie, des postes et des télégraphes,

Vu la loi du 9 avril 1898 concernant les responsabilités des accidents dont les ouvriers sont victimes dans leur travail, modifiée par la loi du 22 mars 1902 ;

Vu spécialement l'article 11 et le premier alinéa de l'article 12 ainsi conçus :

« Art. 11. Tout accident ayant occasionné une incapacité de travail doit être déclaré dans les quarante-huit heures, non compris les dimanches et jours fériés, par le chef d'entreprise ou ses préposés, au maire de la commune, qui en dresse procès-verbal et en délivre immédiatement récépissé.

« La déclaration et le procès-verbal doivent indiquer, dans la forme réglée par un décret, les noms, qualité et adresse du chef d'entreprise, le lieu précis, l'heure et la nature de l'accident, les circonstances dans lesquelles il s'est produit, la nature des blessures, les noms et adresses des témoins.

« Dans les quatre jours qui suivent l'accident, si la victime n'a pas repris son travail, le chef d'entreprise doit déposer à la mairie, qui lui en délivre immédiatement récépissé, un certificat du médecin indiquant l'état de la victime, les suites probables de l'accident et l'époque à laquelle il sera possible d'en connaître le résultat définitif.

« La déclaration d'accident pourra être faite dans les mêmes conditions par la victime ou ses représentants jusqu'à l'expiration de l'année qui suit l'accident.

« Avis de l'accident, dans les formes réglées par ce décret, est donné immédiatement par le maire à l'inspecteur départemental du travail ou à l'ingénieur ordinaire des mines chargé de la surveillance de l'entreprise.

« L'article 15 de la loi du 2 novembre 1892 et l'article 11 de la loi du 12 juin 1893 cessent d'être applicables dans les cas visés par la présente loi.

« Art. 12. Dans les vingt-quatre heures qui suivent le dépôt du certificat et au plus tard dans les cinq jours qui suivent la déclaration de l'accident, le maire transmet au juge de paix du canton où l'accident s'est produit la déclaration et, soit le certificat médical, soit l'attestation qu'il n'a pas été produit de certificat » ;

Vu les décrets des 30 juin et 18 août 1899 relatifs à l'application des articles 11 et 12 de la loi du 9 avril 1898,

DÉCRÈTE :

Article premier. Pour chaque victime d'un accident ayant occasionné une incapacité de travail, dans les cas prévus par la loi du 9 avril 1898, la déclaration de l'accident, le récépissé de cette déclaration, le procès-verbal du maire, le dépôt du certificat médical, le récépissé de ce dépôt, la transmission de pièces à la justice de paix, l'avis au service d'inspection, seront établis conformément aux sept modèles annexés au présent décret.

Art. 2. Le présent décret aura effet à dater du 1er mai 1902.

Sont rapportés, à la même date, les décrets des 30 juin et 18 août 1899.

Art. 3. Le Ministre du commerce, de l'industrie, des postes et des télégraphes est chargé de l'exécution du présent décret, qui sera publié au *Journal officiel* de la République française et inséré au *Bulletin des lois*.

MODÈLE I.

DÉCLARATION D'ACCIDENT DU TRAVAIL (*a*)

(Art. 11 de la loi du 9 avril 1898, modifié par la loi du 22 mars 1902.)

(1) Indiquer les nom, prénoms, profession et adresse, soit du chef d'entreprise, s'il fait la déclaration lui-même, soit de son préposé en mentionnant son emploi dans l'entreprise, soit des représentants de la victime, en mentionnant à quel titre ils la représentent (père, mère, conjoint, enfant, mandataire, etc.).

Si la déclaration est faite par la victime elle-même, indiquer ici les renseignements prévus ci-après sous le n° 3.

(2) Indiquer la nature de l'établissement et son adresse, ainsi que le lieu précis où l'accident s'est produit.

(3) Indiquer les nom, prénoms, âge, sexe, profession et adresse de la victime.

(4) Spécifier l'engin, le travail, le fait qui a occasionné l'accident.

(5) Préciser la nature des blessures : fracture de la jambe, contusions, lésions internes, asphyxie, etc. Spécifier s'il y a eu décès.

(6) Indiquer les noms, professions et adresses.

(7) Titre et siège du syndicat de garantie, de la société mutuelle ou de la compagnie à primes fixes qui assure le chef d'entreprise. S'il n'y a pas d'assureur, le déclarer expressément.

Le soussigné, (1)
déclare à M. le maire de la commune d
canton d
arrondissement d
département d
conformément à l'article 11 de la loi du 9 avril 1898, modifié par la loi du 22 mars 1902, qu'un accident ayant occasionné une incapacité de travail est survenu le
à   heure
dans (2)
à (3)

L'accident a été occasionné par la cause matérielle (4) ci-après, dans les circonstances suivantes :

L'accident a produit les blessures suivantes : (5)

Les témoins de l'accident sont : (6)

Je déclare être assuré contre les accidents du travail par la société ci-après : (7)

Fait à   , le   190 .

(Signature du déclarant.)

(*a*) Cette déclaration doit être remise à la mairie par le chef d'entreprise ou son préposé dans les quarante-huit heures de l'accident, non compris les dimanches et jours fériés. Dans les quatre jours qui suivent l'accident, si la victime n'a pas repris son travail, le chef d'entreprise ou son préposé doit, en outre, déposer un certificat de médecin indiquant l'état de la victime, les suites probables de l'accident et l'époque à laquelle il sera possible d'en connaître le résultat définitif (Mod. IV).

Si la déclaration est faite par la victime ou ses ayants droit, le certificat médical doit être joint à la déclaration.

MODÈLE II.

DÉPARTEMENT

d

—

ARRONDISSEMENT

d

—

CANTON

d

—

(1) Nom et prénoms.

(2) Nom et prénoms du déclarant.

(3) Nom, prénoms et adresse de la victime.

RÉPUBLIQUE FRANÇAISE

Mairie d

RÉCÉPISSÉ DE DÉCLARATION D'ACCIDENT DU TRAVAIL

(Art. 11 de la loi du 9 avril 1898, modifié par la loi du 22 mars 1902.)

Nous soussigné, (1)
maire de la commune d
donnons récépissé à M. (2)

de la déclaration de l'accident survenu le
à (3)
qu'il a déposée ce jour à la mairie, à   heure

Fait à   , le   190 .

(Signature.)

MODÈLE III.

| DÉPARTEMENT | RÉPUBLIQUE FRANÇAISE |

d

ARRONDISSEMENT

d

CANTON

d

Mairie d

PROCÈS-VERBAL

DE DÉCLARATION D'ACCIDENT DU TRAVAIL

(Art. 11 de la loi du 9 avril 1898, modifié par la loi du 22 mars 1902.)

(1) Nom et prénoms.

(2) Indiquer les nom, prénoms, profession et adresse soit du chef d'entreprise, s'il fait la déclaration lui-même, soit de son préposé, en mentionnant son emploi dans l'entreprise, soit des représentants de la victime, en mentionnant à quel titre ils la représentent (père, mère, conjoint, enfant, mandataire, etc.).
Si la déclaration est faite par la victime elle-même, indiquer ici les renseignements prévus ci-après sous le n° 4.

(3) Indiquer la nature de l'établissement et son adresse, ainsi que le lieu précis où l'accident s'est produit.

(4) Indiquer les nom, prénoms, âge, sexe, profession et adresse de la victime.

(5) Spécifier l'engin, le travail, le fait qui a occasionné l'accident.

(6) Préciser la nature des blessures : fracture de la jambe, contusions, lésions internes, asphyxie, etc. Spécifier s'il y a eu décès.

(7) Indiquer les noms, professions et adresses.

Nous soussigné, (1)
maire de la commune d
avons reçu le   à   heure
de M. (2)

en exécution de l'article 11 de la loi du 9 avril 1898, modifié par la loi du 22 mars 1902, une déclaration relative à un accident survenu le   à   heure
dans (3)
à (4)

Cette déclaration constate :

1° Que l'accident a été occasionné par la cause matérielle (5) ci-après, dans les circonstances suivantes :

2° Que l'accident a produit les blessures suivantes : (6)

3° Que les témoins de l'accident sont : (7)

La déclaration, dont récépissé a été délivré séance tenante au déclarant, a été annexée au présent procès-verbal pour être transmise à la justice de paix, dans le délai prescrit par la loi (a).

Fait et arrêté le présent procès-verbal les jour, mois et an que dessus.

(Signature du maire.)

(a) Si la déclaration est faite par la victime ou ses ayants droit, le procès-verbal fait en outre mention du dépôt du certificat médical, qui doit être joint à la déclaration.

MODÈLE IV.

DÉPOT DE CERTIFICAT MÉDICAL

(Art. 11 de la loi du 9 avril 1898, modifié par la loi du 22 mars 1902.)

(1) Indiquer les nom, prénoms, profession et adresse soit du chef d'entreprise, s'il fait la déclaration lui-même, soit de son préposé, en mentionnant son emploi dans l'entreprise.

(2) Indiquer les nom, prénoms, âge, sexe, profession et adresse de la victime.

(3) Nom et adresse.

Le soussigné, (1)
remet à M. le maire de la commune d
canton d
arrondissement d
département d
pour être joint à la déclaration faite le
de l'accident survenu le
à (2)

un certificat du docteur (3)

indiquant l'état de la victime, les suites probables de l'accident et l'époque à laquelle il sera possible d'en connaître le résultat définitif.

Fait à   , le   190 .

(Signature du déposant.)

MODÈLE V.

DÉPARTEMENT

d

ARRONDISSEMENT

d

CANTON

d

RÉPUBLIQUE FRANÇAISE

Mairie d

RÉCÉPISSÉ DE CERTIFICAT MÉDICAL

(Art. 11 de la loi du 9 avril 18 8, modifié par la loi du 22 mars 1902.)

(1) Nom et prénoms.
(2) Nom et prénoms du déclarant.
(3) Nom, prénoms et adresse de la victime.

Nous soussigné, (1)
maire de la commune d
donnons récépissé à M (2)
du certificat médical relatif à l'accident survenu à (3)
qu'il a déposé ce jour à la mairie,
à   heure   , pour être joint à la déclaration reçue
le

Fait à   , le   190

(Signature.)

MODÈLE VI.

DÉPARTEMENT

d

ARRONDISSEMENT

d

CANTON

d

RÉPUBLIQUE FRANÇAISE

Mairie d

TRANSMISSION DE PIÈCES A LA JUSTICE DE PAIX

POUR ENQUÊTE. (*a*)

(Art. 12 de la loi du 9 avril 1898, modifié par la loi du 22 mars 1902.)

(1) Nom et prénoms.

(2) Date de la déclaration.
(3) Nom, adresse et qualité du déclarant. (Si la déclaration est faite par la victime elle-même, indiquer ici les renseignements prévus sous le n° 5.)

(4) Date et heure de l'accident.

(5) Nom, prénoms et adresse de la victime.

(6) Désignation et adresse de l'établissement.

(7) Formule à rayer suivant le cas.

Nous soussigné, (1)
maire de la commune d
transmettons avec la présente à M. le juge de paix du canton
d   la déclaration
faite à notre mairie le (2)
à   heure   , par (3)
au sujet d'un accident survenu le (4)
à (5)
occupé dans (6)

Ci-joint le certificat médical déposé le
pour être annexé à la déclaration susvisée (7).

(*ou*) Nous certifions qu'il n'a pas été déposé de certificat médical
dans le délai prévu par la loi (7).

Fait à   , le   190

(*a*) Cette transmission doit être faite dans les vingt-quatre heures qui suivent le dépôt du certificat, et au plus tard dans les cinq jours qui suivent la déclaration.

MODÈLE VII.

| DÉPARTEMENT | RÉPUBLIQUE FRANÇAISE |

d

ARRONDISSEMENT

d

Mairie d

CANTON

d

AVIS DE DÉCLARATION D'ACCIDENT DU TRAVAIL

TRANSMIS AU SERVICE D'INSPECTION (*a*).

(Art. 11 de la loi du 9 avril 1898, modifié par la loi du 22 mars 1902.)

(1) Nom et prénoms.

(2) L'inspecteur départemental du travail en résidence à
ou l'ingénieur ordinaire des mines en résidence à

(3) Indiquer le nom, la qualité et l'adresse du déclarant.

(4) Indiquer la nature de l'établissement et son adresse, ainsi que le lieu précis où l'accident s'est produit.

(5) Indiquer les nom, prénoms, âge, sexe, profession et adresse de la victime.

(6) Spécifier l'engin, le travail, le fait qui a occasionné l'accident.

(7) Préciser la nature des blessures : fracture de la jambe, contusions, lésions internes, asphyxie, etc.

(8) Indiquer les noms, professions et adresses.

(9) Si la victime est décédée, le spécifier expressément; sinon indiquer autant que possible la durée probable d'incapacité de travail d'après le certificat médical.

Nous soussigné, (1)
maire de la commune d
avisons M. (2)
que nous avons reçu le   à   heure
de (3)
une déclaration d'accident survenu le
à   heure
dans (4)
à (5)

Cette déclaration constate :

1º Que l'accident a été occasionné par la cause matérielle (6) ci-après, dans les circonstances suivantes :

2º Que l'accident a produit les blessures suivantes : (7)

3º Que les témoins de l'accident sont : (8)

Le certificat médical indique comme suites probables de l'accident : (9)

Fait à   , le   190 .

(*a*) Cette transmission à l'inspecteur départemental du travail ou à l'ingénieur ordinaire des mines, suivant le cas, doit être faite dans le même délai que la transmission au juge de paix (Mod. VI). Elle n'est faite toutefois que pour les seuls accidents ayant été suivis de décès ou ayant donné lieu à la production d'un certificat médical.

V. — ORGANISATION DE L'INSPECTION DU TRAVAIL.

DÉCRET DU 10 MAI 1902

organisant le service de l'inspection du travail.

Le Président de la République française,

Sur le rapport du Ministre du commerce, de l'industrie, des postes et des télégraphes ;

Vu les paragraphes 1, 2, 3, 4, 5 et 6 de l'article 18 de la loi du 2 novembre 1892, ainsi conçus :

Les inspecteurs du travail sont nommés par le Ministre du commerce et de l'industrie.

Ce service comprendra :

1° Des inspecteurs divisionnaires ;

2° Des inspecteurs ou inspectrices départementaux.

Un décret rendu après avis du Comité des arts et manufactures et de la Commission supérieure du travail ci-dessous instituée déterminera les départements dans lesquels il y aura lieu de créer des inspecteurs départementaux. Il fixera le nombre, le traitement et les frais de tournée de ces inspecteurs.

Les inspecteurs et inspectrices départementaux sont placés sous l'autorité de l'inspecteur divisionnaire ;

Vu le paragraphe 2 de l'article 19 de ladite loi, ainsi conçu : « La nomination au poste d'inspecteur titulaire ne sera définitive qu'après un stage d'un an » ;

Vu les décrets des 13 décembre 1892, 27 décembre 1892, 18 décembre 1893 et 28 octobre 1895 ;

Vu l'avis du Comité consultatif des arts et manufactures ;

Vu l'avis de la Commission supérieure instituée par l'article 22 de la loi précitée,

Décrète :

Article premier. Le nombre des inspecteurs du travail est fixé comme suit :

> 11 inspecteurs divisionnaires ;
> 110 inspecteurs ou inspectrices départementaux.

Art. 2. La délimitation des circonscriptions attribuées aux inspecteurs divisionnaires, le lieu de leurs résidences, l'indication du département ou des départements inspectés par les inspecteurs ou inspectrices départementaux, les lieux de résidence de ces inspecteurs ou inspectrices sont inscrits au tableau suivant :

CIRCONS-CRIP-TIONS.	DÉPARTEMENTS.	NOMBRE DES INSPECTEURS et inspectrices départementaux.	RÉSIDENCES DES INSPECTEURS départementaux.	RÉSIDENCES des INSPECTEURS divisionnaires.
1re . .	Seine.	14 inspecteurs . . . 14 inspectrices . . .	Paris.	Paris.
2e . .	Seine-et-Oise, Seine-et-Marne	2 inspecteurs. . . .		Limoges.
	Loiret, Cher et Loir-et-Cher .	Idem.	Orléans, Bourges. . .	
	Indre-et-Loire	1 inspecteur	Tours	
	Indre, Vienne	Idem.	Poitiers	
	Haute-Vienne.	Idem.	Limoges	
	Allier, Creuse	Idem.	Montluçon	
3e . .	Yonne, Nièvre	Idem.	Nevers.	Dijon.
	Aube, Haute-Marne, Côte-d'Or, Haute-Saône, Territoire de Belfort, Doubs, Jura et Saône-et-Loire. . .	5 inspecteurs. . . .	Troyes, Dijon, Belfort, Besançon, Chalon-sur-Saône	
4e . .	Aisne, Ardennes, Marne, Meuse, Meurthe-et-Moselle et Vosges.	8 inspecteurs. . . .	Saint-Quentin, Reims, Mézières, Bar-le-Duc, Nancy, Épinal . . .	Nancy.
5e . .	Nord, Pas-de-Calais et Somme.	13 inspecteurs . . . 1 inspectrice	Lille, Roubaix, Tourcoing, Valenciennes, Avesnes, Cambrai, Douai, Dunkerque, Calais, Boulogne, Arras, Amiens . . .	Lille.
6e . .	Oise, Seine-Inférieure, Eure, Eure-et-Loir, Orne, Calvados et Manche	7 inspecteurs. . . . 1 inspectrice . . .	Creil, Beauvais, Rouen, le Havre, Elbeuf, Chartres, Caen. . .	Rouen.
	Ille-et-Vilaine, Côtes-du-Nord	1 inspecteur	Rennes.	
7e . .	Sarthe, Mayenne	Idem.	Le Mans	Nantes.
	Loire-Inférieure et Vendée .	2 inspecteurs. . . . 1 inspectrice . . .	Nantes	
	Maine-et-Loire, Deux-Sèvres, Finistère et Morbihan	1 inspecteur . . . . Idem.	Angers. . . . . . . Lorient.	
8e . .	Charente-Inférieure, Gironde.	2 inspecteurs. . . .	Bordeaux.	Bordeaux.
	Lot-et-Garonne, Landes, Gers, Basses-Pyrénées et Hautes-Pyrénées	Idem.	Agen, Pau	
	Charente, Dordogne, Corrèze et Lot	Idem.	Angoulême, Cahors. .	
9e . .	Aude, Pyrénées-Orientales .	1 inspecteur	Carcassonne	Toulouse.
	Hérault.	Idem.	Montpellier.	
	Aveyron, Cantal, Lozère . .	Idem.	Rodez	
	Tarn	Idem.	Castres.	
	Haute-Garonne, Tarn-et-Garonne, Ariège	2 inspecteurs. . . .	Toulouse	
10e . .	Bouches-du-Rhône, Var, Alpes-Maritimes et Corse .	4 inspecteurs. . . . 1 inspectrice . . .	Marseille, Nice . . .	Marseille.
	Vaucluse et Basses-Alpes . .	1 inspecteur	Avignon	
	Drôme et Hautes-Alpes . . .	Idem.	Valence	
	Gard.	Idem.	Nîmes	
	Ardèche	Idem.	Privas	
11e . .	Rhône, Isère et Ain.	4 inspecteurs. . . . 1 inspectrice . . .	Lyon, Grenoble. . . .	Lyon.
	Haute-Savoie et Savoie . . .	1 inspecteur	Chambéry	
	Puy-de-Dôme, Loire et Haute-Loire	4 inspecteurs. . . .	Saint-Étienne, Roanne, Clermont-Ferrand. .	

Art. 3. Dans les départements ou groupes de départements pour lesquels le tableau ci-dessus prévoit plusieurs postes d'inspecteurs, un arrêté ministériel déterminera la section à attribuer à chacun des inspecteurs ou inspectrices départementaux.

Art. 4. Les inspecteurs et inspectrices stagiaires institués par l'article 19 de la loi reçoivent un traitement annuel de 2 400 francs.

Art. 5. Les inspecteurs et inspectrices départementaux sont répartis en cinq classes dont les traitements sont fixés ainsi qu'il suit :

$$
\begin{array}{ll}
\text{5}^\text{e}\text{ classe} & \text{3 000 fr.} \\
\text{4}^\text{e}\text{ classe} & \text{3 500} \\
\text{3}^\text{e}\text{ classe} & \text{4 000} \\
\text{2}^\text{e}\text{ classe} & \text{4 500} \\
\text{1}^\text{re}\text{ classe} & \text{5 000}
\end{array}
$$

Le nombre des inspecteurs et inspectrices départementaux de chaque classe est fixé conformément aux indications ci-après :

INSPECTEURS DÉPARTEMENTAUX.

1re classe, 8 inspecteurs au maximum.
2e classe, 8 — —
3e classe, 18 — —
4e, 5e classes et stagiaires, 57 inspecteurs au minimum.

INSPECTRICES DÉPARTEMENTALES.

1re et 2e classe, 3 inspectrices au maximum, dont une au maximum de 1re classe.
3e classe, 4 inspectrices au maximum.
4e, 5e classes et stagiaires, 12 inspectrices au minimum.

Art. 6. Les inspecteurs divisionnaires sont répartis en trois classes dont les traitements sont fixés ainsi qu'il suit :

$$
\begin{array}{ll}
\text{3}^\text{e}\text{ classe} & \text{6 000 fr.} \\
\text{2}^\text{e}\text{ classe} & \text{7 000} \\
\text{1}^\text{re}\text{ classe} & \text{8 000}
\end{array}
$$

Le nombre des inspecteurs divisionnaires de chaque classe est fixé conformément aux indications ci-après :

1re classe, 3 inspecteurs divisionnaires au maximum.
2e classe, 4 — —
3e classe, 4 — — au minimum.

Art. 7. Les inspecteurs et inspectrices ne peuvent être élevés de classe qu'après trois ans de service dans la classe immédiatement inférieure.

Les inspecteurs divisionnaires sont nommés au choix parmi les inspecteurs départementaux appartenant au moins à la 2e classe.

Art. 8. Les frais de tournées des inspecteurs et inspectrices seront réglés sur état, selon les formes prescrites par décision du Ministre du commerce, de l'industrie, des postes et des télégraphes, et suivant le tarif fixé par le décret du 28 octobre 1895 (1).

Les frais de transport par mer seront remboursés aux inspecteurs d'après le prix des places en première classe.

L'inspecteur divisionnaire résidant à Paris reçoit, pour frais de tournée dans le département de la Seine, une indemnité fixe de 3 000 francs par an. Ses frais de tournées dans les départements de Seine-et-Marne et de Seine-et-Oise lui seront remboursés sur le même taux qu'aux autres inspecteurs divisionnaires.

Les inspecteurs et inspectrices départementaux du département de la Seine reçoivent une indemnité fixe de 600 francs pour frais de déplacement dans l'enceinte de Paris; l'indemnité est de 900 francs pour les inspecteurs attachés au service de la banlieue.

Dans les départements autres que celui de la Seine où les conditions de service l'exigent, les frais de tournées alloués sur état aux inspecteurs et inspectrices peuvent être remplacés par des indemnités fixes réglées par arrêté ministériel.

(1) Décret du 28 octobre 1895 (extrait) :

ARTICLE PREMIER. Les frais de déplacement, en France, des fonctionnaires de l'administration

Les déplacements des inspecteurs hors de leur circonscription ou section, nécessités par les besoins du service, sont comptés comme frais de tournées et réglés sur état aux mêmes tarifs.

Art. 9. Il sera alloué aux inspecteurs divisionnaires des frais de bureau fixés à 2 200 francs pour l'inspecteur divisionnaire de la première circonscription, à 1 800 francs pour l'inspecteur divisionnaire de la cinquième circonscription et à 1 500 francs pour les autres inspecteurs divisionnaires.

Art. 10. Les décrets des 13 décembre 1892, 27 décembre 1892 et 18 décembre 1893 sont abrogés.

Art. 11. Le Ministre du commerce, de l'industrie, des postes et des télégraphes est chargé de l'exécution du présent décret, qui sera inséré au *Bulletin des lois* et publié au *Journal officiel* de la République française.

ARRÊTÉ DU 27 MAI 1902

répartissant les sections territoriales d'inspection attribuées à chacun des inspecteurs et inspectrices départementaux.

1re CIRCONSCRIPTION (Paris).

(*Seine, Seine-et-Oise, Seine-et-Marne.*)

I. — INSPECTEURS.

1re section, *Paris.* — Quartiers de Saint-Germain-l'Auxerrois, Halles, Palais-Royal, place Vendôme, Gaillon, Vivienne, Madeleine, Europe,

du commerce et de l'industrie dont la désignation suit, sont réglés conformément au tarif ci-après :

DÉSIGNATION.	REMBOURSEMENT du prix de la place en	FRAIS DE ROUTE		sur les routes de terre. — (Par kilomètre.)	INDEMNITÉ de SÉJOUR. — (Par journée.)
		sur les CHEMINS DE FER. Indemnités de déplacement par kilomètre pour un trajet de			
		100 kilomètres et au-dessous.	plus de 100 kilomètres.		
		fr. c.	fr. c.	fr. c.	fr. c.
Inspecteurs divisionnaires du travail. .	1re classe.	»	»	0 50	15 00
Inspecteurs départementaux du travail.	2e classe.	»	»	0 50	15 00

L'indemnité correspondant au prix de la place en chemin de fer ne sera pas payée aux fonctionnaires qui, à raison de leurs fonctions, jouissent de la libre circulation sur les lignes parcourues. Elle sera réduite de moitié pour ceux qui, dans les mêmes conditions, sont admis à voyager à demi-tarif.

Art. 3. *Les dispositions de l'article 8 du décret du 13 décembre 1892, des arrêtés des 24 août 1874, 30 mai 1893, et les dispositions des arrêtés des 31 octobre 1891, 17 décembre 1892, 28 février 1893 sont rapportées en ce qu'elles ont de contraire au présent décret.*

Saint-Georges, Chaussée d'Antin, Plaine Monceau, Batignolles, Épinettes, Grandes-Carrières, Clignancourt. — Résidence à Paris.

2ᵉ section, *Paris*. — Quartiers du Mail, Bonne-Nouvelle, Faubourg Montmartre, Rochechouart, Saint-Vincent-de-Paul, Porte Saint-Denis, Goutte d'Or, la Chapelle, Pont-de-Flandre. — Résidence à Paris.

3ᵉ section, *Paris*. — Quartiers des Arts-et-Métiers, Porte Saint-Martin, Hôpital Saint-Louis, La Villette, Combat. — Résidence à Paris.

4ᵉ section, *Paris*. — Quartiers des Enfants-Rouges, Folie-Méricourt, Belleville, Amérique. — Résidence à Paris.

5ᵉ section, *Paris*. — Quartiers des Archives, Saint-Ambroise, Saint-Fargeau. — Résidence à Paris.

6ᵉ section, *Paris*. — Quartiers de la Roquette, Père-Lachaise, Charonne. — Résidence à Paris.

7ᵉ section, *Paris*. — Quartiers Sainte-Marguerite, Bel-Air, Picpus, Bercy. — Résidence à Paris.

8ᵉ section, *Paris*. — Quartiers de Notre-Dame, Arsenal, Saint-Victor, Jardin des Plantes, Val de Grâce, Sorbonne, Quinze-Vingts, Salpêtrière, Gare, Maison-Blanche, Croulebarbe. — Résidence à Paris.

9ᵉ section, *Paris*. — Quartiers de Saint-Avoye, Saint-Merri, Saint-Gervais, Monnaie, Odéon, Montparnasse, Santé, Petit-Montrouge. — Résidence à Paris.

10ᵉ section, *Paris*. — Quartiers de Notre-Dame-des-Champs, Saint-Germain-des-Prés, Saint-Thomas-d'Aquin, Invalides, École Militaire, Gros-Caillou, Champs-Élysées, Faubourg-du-Roule, Plaisance, Saint-Lambert, Necker, Grenelle, Javel, Auteuil, Muette, Porte-Dauphine, Bassins, Ternes. — Résidence à Paris.

11ᵉ section, *Seine*. — Cantons de Boulogne-sur-Seine, Levallois-Perret, Neuilly-sur-Seine, Puteaux. — Résidence à Paris.

12ᵉ section, *Seine*. — Cantons d'Asnières, Courbevoie, Clichy, Saint-Denis, Saint-Ouen, — Résidence à Paris.

13ᵉ section, *Seine*. — Cantons d'Aubervilliers, Montreuil-sous-Bois, Nogent-sur-Marne, Noisy-le-Sec, Pantin, Vincennes. — Résidence à Paris.

14ᵉ section, *Seine*. — Cantons de Charenton, Ivry, Saint-Maur, Sceaux, Vanves, Villejuif. — Résidence à Paris.

15ᵉ section. — *Seine-et-Marne ;* arrondissements de Corbeil et d'Étampes du département de *Seine-et-Oise*. — Résidence à Paris.

16ᵉ section. — *Seine-et-Oise*, moins les arrondissements de Corbeil et d'Étampes. — Résidence à Paris.

II. — Inspectrices.

1ʳᵉ section, *Paris*. — Quartiers du Faubourg-du-Roule, Madeleine, Europe, Plaine Monceau, Batignolles, Épinettes, Grandes-Carrières. — Résidence à Paris.

2ᵉ section, *Paris*. — Quartiers de la Place Vendôme, Gaillon, Saint-Georges, Chaussée d'Antin. — Résidence à Paris.

3ᵉ section, *Paris*. — Quartiers Vivienne, Faubourg Montmartre, Rochechouart, Clignancourt. — Résidence à Paris.

4ᵉ section, *Paris*. — Quartiers Saint-Germain-l'Auxerrois, Halles, Palais-Royal, Mail, Bonne-Nouvelle, Saint-Avoye, Saint-Merri, Saint-Gervais. — Résidence à Paris.

5e section. *Paris.* — Quartiers des Arts-et-Métiers, Saint-Vincent-de-Paul, Porte Saint-Denis, Goutte d'Or, La Chapelle. — Résidence à Paris.

6e section, *Paris.* — Quartiers des Enfants-Rouges, Archives, Arsenal, Jardin-des-Plantes, Porte Saint-Martin, Hôpital Saint-Louis, La Villette, Pont-de-Flandre, Amérique, Combat. — Résidence à Paris.

7e section, *Paris.* — Quartiers de la Folie-Méricourt, Saint-Ambroise, Belleville, Père-Lachaise. — Résidence à Paris.

8e section, *Paris.* — Quartiers de la Roquette, Sainte-Marguerite, Bel-Air, Picpus, Bercy, Quinze-Vingts, Salpêtrière, Gare, Saint-Fargeau, Charonne. — Résidence à Paris.

9e section, *Paris.* — Quartiers de Notre-Dame, Saint-Victor, Val-de-Grâce, Sorbonne, Monnaie, Odéon, Notre-Dame-des-Champs, Saint-Germain-des-Prés, Maison-Blanche, Croulebarbe, Montparnasse, Santé, Petit-Montrouge — Résidence à Paris.

10e section, *Paris.* — Quartiers Saint-Thomas-d'Aquin, Invalides, École militaire, Gros-Caillou, Champs-Élysées, Plaisance, Saint-Lambert, Necker, Grenelle, Javel, Auteuil, Muette, Porte Dauphine, Bassins, Ternes. — Résidence à Paris.

11e section, *Seine.* — Cantons de Boulogne-sur-Seine, Courbevoie, Levallois-Perret, Neuilly-sur-Seine, Puteaux. — Résidence à Paris.

12e section, *Seine.* — Cantons d'Asnières, Aubervilliers, Clichy, Montreuil-sous-Bois, Nogent-sur-Marne, Noisy-le-Sec, Pantin, Saint-Denis, Saint-Ouen, Vincennes. — Résidence à Paris.

13e section, *Seine.* — Cantons de Charenton, Ivry, Saint-Maur, Sceaux, Vanves, Villejuif. — Résidence à Paris.

14e section. — Service de la suppléance des inspectrices de la circonscription. — Résidence à Paris.

2e CIRCONSCRIPTION (Limoges).

(Loiret, Cher, Loir-et-Cher, Indre-et-Loire, Indre, Vienne, Haute-Vienne, Allier, Creuse.)

1re section. — *Loiret;* arrondissement de Vendôme et cantons de Marchenoir et d'Ouzouer-le-Marché du département de *Loir-et-Cher.* — Résidence à Orléans.

2e section. — *Cher; Loir-et-Cher*, moins l'arrondissement de Vendôme et les cantons de Marchenoir et d'Ouzouer-le-Marché. — Résidence à Bourges.

3e section. — *Indre-et-Loire.* — Résidence à Tours.

4e section. — *Indre; Vienne.* — Résidence à Poitiers.

5e section. — *Haute-Vienne.* — Résidence à Limoges.

6e section. — *Allier; Creuse.* — Résidence à Montluçon.

3e CIRCONSCRIPTION (Dijon).

(Aube, Haute-Marne, Côte-d'Or, Haute-Saône, Territoire de Belfort, Doubs, Jura, Saône-et-Loire.)

1re section. — *Yonne; Nièvre.* — Résidence à Nevers.

2e section. — *Aube;* arrondissement de Vassy du département de la *Marne.* — Résidence à Troyes.

3ᵉ section. — *Côte-d'Or; Haute-Marne,* moins l'arrondissement de Vassy; arrondissement de Gray du département de la *Haute-Saône.* — Résidence à Dijon.

4ᵉ section. — *Haute-Saône,* moins l'arrondissement de Gray; *Territoire de Belfort;* arrondissement de Montbéliard du département du *Doubs.* — Résidence à Belfort.

5ᵉ section. — *Jura,* moins l'arrondissement de Lons-le-Saunier; *Doubs,* moins l'arrondissement de Montbéliard. — Résidence à Besançon.

6ᵉ section. — *Saône-et-Loire ;* arrondissement de Lons-le-Saunier (*Jura*). — Résidence à Chalon-sur-Saône.

4ᵉ CIRCONSCRIPTION (Nancy).

(Aisne, Ardennes, Marne, Meuse, Meurthe-et-Moselle, Vosges.)

1ʳᵉ section. — *Aisne,* moins les arrondissements de Château-Thierry et de Soissons. — Résidence à Saint-Quentin.

2ᵉ section. — Arrondissements de Château-Thierry et de Soissons du département de l'*Aisne;* arrondissement d'Epernay, 1ᵉʳ et 3ᵉ cantons de la ville de Reims et arrondissement de Reims moins les cantons de Beine, Verzy et Bourgogne du département de la *Marne.* — Résidence à Reims.

3ᵉ section. — Arrondissement de Rethel du département des *Ardennes ;* arrondissements de Châlons-sur-Marne et de Vitry-le-François, 2ᵉ et 4ᵉ cantons de Reims, cantons de Beine, Verzy et Bourgogne du département de la *Marne.* — Résidence à Reims.

4ᵉ section. — *Ardennes,* moins l'arrondissement de Réthel. — Résidence à Mézières.

5ᵉ section. — *Meuse,* moins les arrondissements de Montmédy et de Verdun; arrondissement de Sainte-Menehould du département de la *Marne;* arrondissement de Neufchâteau du département des *Vosges.* — Résidence à Bar-le-Duc.

6ᵉ section. — Arrondissement de Verdun et Montmédy du département de la *Meuse;* arrondissement de Briey, cantons nord et est de Nancy, cantons de Nomeny, de Pont-à-Mousson et de Thiaucourt du département de *Meurthe-et-Moselle.* — Résidence à Nancy.

7ᵉ section. — Arrondissement de Toul, moins le canton de Thiaucourt; arrondissement de Lunéville; cantons ouest et sud de Nancy; cantons d'Haroué, Saint-Nicolas et Vézelise du département de *Meurthe-et-Moselle.* — Résidence à Nancy.

8ᵉ section. — *Vosges,* moins l'arrondissement de Neufchâteau. — Résidence à Epinal.

5ᵉ CIRCONSCRIPTION (Lille).

(Nord, Pas-de-Calais, Somme.)

I. — Inspecteurs.

1ʳᵉ section. — Cantons centre, ouest et sud-ouest de Lille : cantons d'Haubourdin et de Quesnoy-sur-Deule de l'arrondissement de Lille (*Nord*). — Résidence à Lille.

2ᵉ section. — Cantons nord, nord-est, est, sud-est et sud de Lille ; cantons de Cysoing et de Lannoy de l'arrondissement de Lille (*Nord*). — Résidence à Lille.

3ᵉ section. — Cantons de Roubaix de l'arrondissement de Lille. — Résidence à Roubaix.

4ᵉ section. — Cantons de Tourcoing de l'arrondissement de Lille. — Résidence à Tourcoing.

5ᵉ section. — Arrondissement de Valenciennes. — Résidence à Valenciennes.

6ᵉ section. — Arrondissement d'Avesnes (*Nord*). — Résidence à Avesnes.

7ᵉ section. — Arrondissement de Cambrai (*Nord*); cantons de Bertincourt et de Marquion de l'arrondissement d'Arras (*Pas-de-Calais*); arrondissement de Péronne (*Somme*), moins les cantons d'Albert et de Bray-sur-Somme. — Résidence à Cambrai.

8ᵉ section. — Arrondissement de Douai; cantons de Pont-à-Marcq, Seclin, La Bassée de l'arrondissement de Lille (*Nord*); canton de Carvin de l'arrondissement de Béthune (*Pas-de-Calais*). — Résidence à Douai.

9ᵉ section. — Arrondissement de Dunkerque et d'Hazebrouck; canton d'Armentières de l'arrondissement de Lille (*Nord*). — Résidence à Dunkerque.

10ᵉ section. — Arrondissement de Boulogne-sur-Mer, moins les cantons de Boulogne, Samer et Desvres; arrondissement de Saint-Omer; cantons de Norrent-Fontes, Lillers, Laventie de l'arrondissement de Béthune (*Pas-de-Calais*). — Résidence à Calais.

11ᵉ section. — Cantons de Boulogne, de Samer et de Desvres de l'arrondissement de Boulogne-sur-Mer; arrondissement de Montreuil (*Pas-de-Calais*); arrondissement d'Abbeville (*Somme*). — Résidence à Boulogne.

12ᵉ section. — Arrondissement d'Arras, moins les cantons de Bertincourt et Marquion; arrondissement de Saint-Pol; cantons de Béthune, Lens, Cambrin et Houdain de l'arrondissement de Béthune (*Pas-de-Calais*); arrondissement de Doullens (*Somme*). — Résidence à Arras.

13ᵉ section. — Arrondissements d'Amiens et de Montdidier; cantons d'Albert et de Bray-sur-Somme de l'arrondissement de Péronne (*Somme*). Résidence à Amiens.

II. — Inspectrice.

14ᵉ section. — Cantons de Lille, Roubaix et Tourcoing. — Résidence à Lille.

6ᵉ CIRCONSCRIPTION (Rouen).

(Oise, Seine-Inférieure, Eure, Eure-et-Loir, Orne, Calvados, Manche.)

I. — Inspecteurs.

1ʳᵉ section. — *Oise*, moins l'arrondissement de Beauvais. — Résidence à Creil.

2ᵉ section. — Cantons d'Eu et d'Envermeu de l'arrondissement de Dieppe, arrondissement de Neufchâtel, du département de la *Seine-Inférieure*; arrondissement des Andelys du département de l'*Eure*; arrondissement de Beauvais du département de l'*Oise*. — Résidence à Beauvais.

3ᵉ section. — Arrondissement de Rouen, moins les cantons d'Elbeuf et de Grand-Couronne ; arrondissement de Dieppe, moins les cantons d'Eu et d'Envermeu du département de la *Seine-Inférieure*. — Résidence à Rouen.

4ᵉ section. — Arrondissements du Havre et d'Yvetot du département de la *Seine-Inférieure*. — Résidence au Havre.

5ᵉ section. — *Eure*, moins l'arrondissement des Andelys et les cantons de Nonancourt et de Verneuil ; cantons d'Elbeuf et de Grand-Couronne du département de la *Seine-Inférieure ;* arrondissements de Lisieux et de Pont-l'Évêque du département du *Calvados*. — Résidence à Elbeuf.

6ᵉ section. — *Eure-et-Loir ; Orne* moins l'arrondissement de Domfront ; cantons de Nonancourt et de Verneuil du département de l'*Eure*. — Résidence à Chartres.

7ᵉ section. — *Manche ; Calvados*, moins les arrondissements de Lisieux et de Pont-l'Évêque ; arrondissement de Domfront du département de l'*Orne*. — Résidence à Caen.

II. — Inspectrice.

8ᵉ section. — Villes de Rouen, du Havre, de Dieppe, et banlieues. — Résidence à Rouen.

7ᵉ CIRCONSCRIPTION (Nantes).

(Ille-et-Vilaine, Côtes-du-Nord, Sarthe, Mayenne, Loire-Inférieure, Vendée, Maine-et-Loire, Deux-Sèvres, Finistère, Morbihan.)

I. — Inspecteurs.

1ʳᵉ section. — *Ille-et-Vilaine ; Côtes-du-Nord.* — Résidence à Rennes.

2ᵉ section. — *Sarthe ; Mayenne.* — Résidence au Mans.

3ᵉ section. — 1ᵉʳ, 2ᵉ, 3ᵉ, 5ᵉ et 6ᵉ cantons de Nantes ; cantons ruraux de Carquefou et de la Chapelle-sur-Erdre ; arrondissements d'Ancenis, Châteaubriant et Saint-Nazaire du département de la *Loire-Inférieure*. — Résidence à Nantes.

4ᵉ section. — 4ᵉ canton de Nantes ; cantons ruraux de Aigrefeuille, Bouaye, Clisson, Legé, Le Loroux, Machecoul, Saint-Philbert, Vallet, Vertou ; arrondissement de Paimbœuf du département de la *Loire-Inférieure ; Vendée*. — Résidence à Nantes.

5ᵉ section. — *Maine-et-Loire ; Deux-Sèvres*. — Résidence à Angers.

6ᵉ section. — *Finistère ; Morbihan*. — Résidence à Lorient.

II. — Inspectrice.

7ᵉ section. — Villes de Nantes, Saint-Nazaire et communes suburbaines. — Résidence à Nantes.

8ᵉ CIRCONSCRIPTION (Bordeaux).

(Charente-Inférieure, Gironde, Lot-et-Garonne, Landes, Gers, Basses-Pyrénées, Hautes-Pyrénées, Charente, Dordogne, Corrèze, Lot.)

1ʳᵉ section. — *Charente-Inférieure ;* arrondissements de Blaye et Libourne, cantons de Carbon-Blanc, Saint-André-de-Cubzac du département de la *Gironde ;* 5ᵉ, 6ᵉ et 7ᵉ cantons de Bordeaux. — Résidence à Bordeaux.

2ᵉ section. — Arrondissements de Bazas, de La Réole et de Lesparre ; arrondissement de Bordeaux, moins les cantons de Carbon-Blanc et Saint-André-de-Cubzac, du département de la *Gironde*. — Résidence à Bordeaux.

3ᵉ section. — *Lot-et-Garonne; Gers;* arrondissements de Mont-de-Marsan et Saint-Sever du département des *Landes*. — Résidence à Agen.

4ᵉ section. — *Hautes-Pyrénées; Basses-Pyrénées;* arrondissement de Dax du département des *Landes*. — Résidence à Pau.

5ᵉ section. — *Charente; Dordogne*, moins les arrondissements de Bergerac et Sarlat. — Résidence à Angoulême.

6ᵉ section. — *Corrèze; Lot;* arrondissements de Bergerac et de Sarlat du département de la *Dordogne*. — Résidence à Cahors.

9ᵉ CIRCONSCRIPTION (Toulouse).

(Aude, Pyrénées-Orientales, Hérault, Aveyron, Cantal, Lozère, Tarn, Haute-Garonne, Tarn-et-Garonne, Ariège.)

1ʳᵉ section. — *Aude; Pyrénées-Orientales.* — Résidence à Carcassonne.

2ᵉ section. — *Hérault*, moins la commune de Verreries-de-Moussans ; commune de Saint-Étienne-Vallée-Française du département de la *Lozère*. — Résidence à Montpellier.

3ᵉ section. — *Aveyron; Cantal; Lozère*, moins la commune de Saint-Étienne-Vallée-Française. — Résidence à Rodez.

4ᵉ section. — *Tarn;* commune des Verreries-de-Moussans du département de l'*Hérault*. — Résidence à Castres.

5ᵉ section. — Arrondissement de Toulouse, moins les cantons nord et ouest de Toulouse, arrondissement de Villefranche, du département de la *Haute-Garonne; Tarn-et-Garonne*. — Résidence à Toulouse.

6ᵉ section. — Arrondissements de Muret et de Saint-Gaudens, cantons nord et ouest de Toulouse du département de la *Haute-Garonne; Ariège*. — Résidence à Toulouse.

10ᵉ CIRCONSCRIPTION (Marseille).

(Bouches-du-Rhône, Var, Alpes-Maritimes, Corse, Vaucluse, Basses-Alpes, Drôme, Hautes-Alpes, Gard, Ardèche.)

I. — INSPECTEURS.

1ʳᵉ section. — 1ᵉʳ, 3ᵉ, 4ᵉ et 5ᵉ cantons de la ville de Marseille ; arrondissement de Marseille, moins les cantons de la Ciotat et d'Aubagne ; arrondissement d'Aix, moins les cantons de Martigues, d'Istres et de Berre du département des *Bouches-du-Rhône*. — Résidence à Marseille.

2ᵉ section. — 2ᵉ, 10ᵉ, 11ᵉ et 12ᵉ cantons de la ville de Marseille ; cantons de Martigues, d'Istres et de Berre de l'arrondissement d'Aix ; arrondissement d'Arles du département des *Bouches-du-Rhône*. — Résidence à Marseille.

3ᵉ section. — 6ᵉ, 7ᵉ, 8ᵉ et 9ᵉ cantons de la ville de Marseille ; cantons de la Ciotat et d'Aubagne du département des *Bouches-du-Rhône;* arrondissement de Toulon, canton de Saint-Maximin de l'arrondissement de Brignoles, *Var*. — Résidence à Marseille.

4ᵉ section. — *Alpes-Maritimes ; Var*, moins l'arrondissement de Toulon et le canton de Saint-Maximin ; *Corse*. — Résidence à Nice.

5ᵉ section. — *Basses-Alpes ; Vaucluse*. — Résidence à Avignon.

6ᵉ section. — *Drôme ; Hautes-Alpes*. — Résidence à Valence.

7ᵉ section. — *Gard*. — Résidence à Nîmes.

8ᵉ section. — *Ardèche*. — Résidence à Privas.

II. — Inspectrice.

9ᵉ section. — Ville de Marseille. — Résidence à Marseille.

11ᵉ CIRCONSCRIPTION (Lyon).

(Rhône, Isère, Ain, Haute-Savoie, Savoie, Puy-de-Dôme, Loire, Haute-Loire.)

I. — Inspecteurs.

1ʳᵉ section. — *Ain ;* 4ᵉ et 6ᵉ arrondissements de Lyon ; cantons de Neuville-sur-Saône et de Villeurbanne du département du *Rhône*. — Résidence à Lyon.

2ᵉ section. — Arrondissement de Villefranche ; 1ᵉʳ, 2ᵉ et 5ᵉ arrondissements de Lyon ; canton de Limonest. — Résidence à Lyon.

3ᵉ section. — 3ᵉ arrondissement de Lyon ; arrondissement suburbain de Lyon, moins les cantons de Neuville-sur-Saône, Villeurbanne et Limonest du département du *Rhône ;* arrondissement de Vienne du département de l'*Isère*. — Résidence à Lyon.

4ᵉ section. — *Isère*, moins l'arrondissement de Vienne. — Résidence à Grenoble.

5ᵉ section. — *Savoie ; Haute-Savoie*. — Résidence à Chambéry.

6ᵉ section. — Cantons nord-est et nord-ouest de Saint-Étienne, Saint-Chamond, Rive-de-Gier, Saint-Héan et Pélussin du département de la *Loire*. — Résidence à Saint-Étienne.

7ᵉ section. — Cantons sud-est et sud-ouest de Saint-Étienne, de Bourg-Argental, de Chambon-Feugerolles et de Saint-Genest-Malifaux du département de la *Loire ;* arrondissements du Puy et d'Yssingeaux du département de la *Haute-Loire*. — Résidence à Saint-Étienne.

8ᵉ section. — Arrondissements de Roanne et de Montbrison du département de la *Loire ;* arrondissement de Thiers du département du *Puy-de-Dôme*. — Résidence à Roanne.

9ᵉ section. — *Puy-de-Dôme*, moins l'arrondissement de Thiers ; arrondissement de Brioude du département de la *Haute-Loire*. — Résidence à Clermont-Ferrand.

II. — Inspectrice.

10ᵉ section. — Ville de Lyon. — Résidence à Lyon.

DÉCRET DU 13 JUIN 1895

réglant les conditions d'avancement dans le corps de l'inspection du travail.

(Modifié par le décret du 13 novembre 1900.)

LE PRÉSIDENT DE LA RÉPUBLIQUE FRANÇAISE,

Sur le rapport du Ministre du commerce, de l'industrie, des postes et des télégraphes;

Vu la loi du 2 novembre 1892 et le décret du 13 décembre suivant concernant l'organisation de l'inspection du travail dans l'industrie,

DÉCRÈTE :

ARTICLE PREMIER. Les promotions de grade ou de classe dans le personnel de l'inspection du travail ont lieu d'après un tableau d'avancement arrêté à la fin de chaque année par le Ministre du commerce, de l'industrie, des postes et des télégraphes, sur la proposition d'une commission spéciale de classement instituée à cet effet.

ART. 2. Le tableau d'avancement est établi pour une année seulement; il est annulé de plein droit au moment où le tableau suivant est arrêté.

Le nombre des candidats à porter chaque année sur ledit tableau est fixé par arrêté ministériel avant la réunion de la Commission de classement.

Aucun inspecteur ne peut recevoir d'avancement de grade ou de classe s'il n'est porté sur ce tableau.

Au cas où, pour des services exceptionnels méritant une récompense immédiate, il y aurait lieu de déroger aux dispositions ci-dessus, l'inscription d'office au tableau d'avancement devrait être l'objet d'une décision spéciale du ministre.

ART. 3 (*Décret du 13 novembre 1900*).

« La Commission de classement est présidée par le Ministre du commerce, de l'industrie, des postes et des télégraphes, ou à son défaut par le Directeur du travail.

« Elle comprendra en outre :

« Le représentant du service des mines à la Commission supérieure du travail dans l'industrie ;

« Le chef du bureau de l'inspection du travail ;

« Deux inspecteurs divisionnaires du travail nommés pour un an par arrêté ministériel et remplacés chaque année ;

« Trois membres ouvriers élus du Conseil supérieur du travail, nommés pour un an au mois de janvier par arrêté ministériel et remplacés chaque année.

« En cas de partage des voix, celle du président sera prépondérante. »

Nancy, impr. Berger-Levrault et Cie.

Bibliothèque d'Enseignement commercial

Dirigée par M. Georges PAULET
PROFESSEUR A L'ÉCOLE DES SCIENCES POLITIQUES

Code annoté du Commerce et de l'Industrie. *Lois, décrets, règlements relatifs au commerce et à l'industrie,* avec un commentaire tiré des circulaires ministérielles, de la jurisprudence du Conseil d'État et de la Cour de cassation, par Georges Paulet, chef de bureau au Ministère du commerce. 1891. Un volume grand in-8 sur deux colonnes, broché . . . . **15 fr.**
Relié en demi-chagrin, plats toile . . . . **18 fr.**

Code de Commerce et Lois commerciales usuelles, *avec des notions de législation comparée,* à l'usage des élèves des Facultés de droit et des Écoles de commerce, par E. Conendy, professeur à la Faculté de droit et à l'École supérieure de commerce de Lyon. 3e édition. 1900. Un volume in-18, relié en percaline gaufrée . . . . **2 fr.**

Recueil des Lois industrielles, *avec des notions de législation comparée,* à l'usage des élèves des Facultés de droit et des écoles industrielles et commerciales, par E. Conendy, professeur à la Faculté de droit et à l'École supérieure de commerce de Lyon. 3e édition. 1902. Un volume in-18, relié en percaline gaufrée . . . . **2 fr.**

Les Tribunaux de commerce. *Organisation, compétence, procédure,* par A. Rouyyer, docteur en droit, ancien agréé près le tribunal de commerce de la Seine, professeur de législation commerciale et industrielle à l'École supérieure de commerce de Paris, avec une préface de M. F. Rataud, professeur honoraire à la Faculté de droit de Paris. 1894. Un vol. in-8, relié en percal. gaufrée. **4 fr.**

Manuel pratique des Opérations commerciales, par A. Dany, directeur de l'École supérieure de commerce du Havre, ancien chef de comptabilité, ancien professeur à la société mutuelle des employés de commerce du Havre. 2e édition. 1900. Un volume in-3, relié en percaline gaufrée . . . . **5 fr.**

Manuel de Géographie commerciale, par V. Deville, agrégé, professeur au Lycée Michelet. (Ouvrage récompensé par la Société de géographie commerciale de Paris.) 1893. Deux volumes in-8 avec cartes et diagrammes, reliés en percaline gaufrée . . . . **10 fr.**

Précis d'Histoire du commerce, par H. Coxs, recteur de l'Académie de Poitiers, ancien professeur à la Faculté des lettres de Lille, à l'École supérieure de commerce de Lille et à l'Institut industriel du Nord. 1896. Deux volumes in-8, reliés en percaline gaufrée . . . . **8 fr.**

Principes généraux de Comptabilité, par E. Léautey, professeur de comptabilité, ancien chef de bureau au Comptoir national d'Escompte, et A. Guilbault, ancien chef d'administration de la Société métallurgique de Vierzon. 1895. Un volume in-8, relié en percaline gaufrée. . . . . **5 fr.**

Les Transports maritimes. *Éléments de droit maritime appliqué,* par Haumont et Levarey, avocats, professeurs à l'École supérieure de commerce du Havre. 2e édition. 1898. Un volume in-8, relié en percaline gaufrée . . . . . . **4 fr.**

Armements maritimes, cours professé à l'École supérieure de commerce de Marseille, par C. Champenois, capitaine au long cours, ancien commandant aux Messageries maritimes. 1895 Deux volumes in-8 avec 140 figures, reliés en percaline gaufrée. . . . . **10 fr.**

Monnaies, poids et mesures des principaux pays du monde. *Traité pratique des différents systèmes monétaires et des poids et mesures,* accompagné de renseignements sur les changes et les timbres d'effets de commerce, etc., par A. Lejeune, directeur de l'École supérieure de commerce de Marseille. 1891. Un volume in-8, relié en percaline gaufrée. . . . . **5 fr.** *(Épuisé.)*

Manuel de préparation aux concours d'entrée des Écoles supérieures de commerce, *contenant le développement des programmes officiels des concours d'entrée (arithmétique, algèbre, géométrie, physique, chimie, géographie, histoire, comptabilité).* 4e édition. 1901. Deux vol. in-8, reliés en percaline gaufrée. **10 fr.**

Annuaire de l'Enseignement commercial et industriel. 4e année, 1895 (dernière parue). Un volume in-18, de 760 pages, cartonné. . . . . **3 fr.**

BERGER-LEVRAULT ET Cⁱᵉ, LIBRAIRES-ÉDITEURS

PARIS, 5, rue des Beaux-Arts. — Rue des Glacis, 18, NANCY.

Bulletin mensuel de l'Office de renseignements agricoles. Ministère de l'agriculture (Direction de l'agriculture). Paraissant chaque mois par livraisons d'environ 10 à 12 feuilles grand in-8. Première année. 1902.
Prix par an : France. . **12 fr.** — Colonies françaises et Union postale. **16 fr.**
(Port en sus pour les pays ne faisant pas partie de l'Union postale.)
Le numéro isolé. . . . . **1 fr. 25 c.**

Dictionnaire financier international théorique et pratique. *Guide financier pour tous les pays,* par M. et A. Méliot (Bourses, Banques, Changes, Monnaies, Arbitrages, Sociétés et Compagnies, Législations, Jurisprudences, Règlements, Usages, Taxes, Impôts, Droits, Mines, etc. Termes techniques et d'argot financiers français et étrangers). 1899. Un volume in-8 de 922 pages, élégamment relié en porcaline gaufrée. . . . . **15 fr.**

Guide monétaire pour la France, l'Algérie et les colonies. Monnaies admises dans la circulation, emploi de ces monnaies, circulation des billets de la Banque de France, par L. Humbert. Nouvelle édition, mise à jour par E. Lava. 1901. Volume in-8, broché. . . . . **2 fr.**

Traité pratique des Brevets d'invention en France et à l'Étranger. Commentaire complet de la loi française. Documents législatifs. Résumés des législations étrangères. Statistiques commerciales, par Armengaud aîné, ingénieur-conseil en matière de propriété industrielle. 2ᵉ édition. 1901. Un volume in-8 de 605 pages, broché . . . . **5 fr.**

Les Chambres de Commerce avant et depuis la loi du 9 avril 1898, par Georges Guillaumot, docteur en droit, auditeur au Conseil d'État. Un volume grand in-8, broché . . . . **4 fr.**

La Concurrence étrangère. **Les Industries nationales,** par Paul Vibert. 1895. Un volume grand in-8 de 386 pages, broché . . . . **10 fr.**

La Concurrence étrangère. **Les Transports par terre et par mer,** par le même. 1896-1897. Deux volumes grand in-8, chacun de 470 pages, brochés . . **20 fr.**

Mes Tournées commerciales aux pays scandinaves (1896-1900), par Prosper Ramon. 1901. Un volume in-12, broché . . . . **1 fr. 25 c.**

La Hongrie économique, par Guillaume Vautier. 1893. Volume in-8 de 490 pages, avec carte, broché . . . . **10 fr.**

Le Commerce français en Orient : **La Serbie économique et commerciale,** par René Millet, ancien ministre de France en Serbie, avec le concours du Mⁱˢ de Toncy. 1889. Volume in-8, avec 2 cartes, broché. . . . . **5 fr.**

Le Commerce français en Orient : **Smyrne.** Situation commerciale et économique des pays compris dans la circonscription du consulat général de France, par F. Rougon, consul général de France à Smyrne. 1892. Volume in-8 de 714 pages, avec carte en couleurs, broché . . . . **12 fr.**

La Tunisie. 1896. Publication en 4 beaux volumes in-8.

— Première partie : *Histoire et description.* Le sol et le climat. L'Homme. Organisation. 2 volumes avec 40 planches, dont 22 en couleurs, broché. . **10 fr.**

— Deuxième partie : *La Tunisie économique.* Agriculture. Industrie. Commerce. Finances. 2 volumes avec 13 planches, dont 3 en couleurs, broché. . **10 fr.**

SOCIÉTÉ INDUSTRIELLE DE MULHOUSE

HISTOIRE DOCUMENTAIRE DE L'INDUSTRIE DE MULHOUSE
et de ses environs au XIXᵉ siècle.

ENQUÊTE CENTENNALE. 1902

Deux beaux volumes in-4 (1107 pages), avec 261 illustrations dans le texte, 46 planches et cartes en phototypie hors texte, brochés. . . . . **40 fr.**
Reliés en un volume demi-maroquin, plats toile gaufrée, tranches dorées. **55 fr.**

PUBLICATIONS DE L'OFFICE DU TRAVAIL (*suite*).

Législation ouvrière et sociale en Australie et Nouvelle-Zélande.
Mission de M. Albert MÉTIN, agrégé de l'Université. 1901. 1 volume
de 208 pages . . . . 1 fr. 50 c.

Documents sur la question du Chômage. 1897. 1 volume in-4 de
400 pages (*Épuisé.*) . . . . 4 fr.

Saisie-arrêt sur les salaires. 1899. 1 volume de 162 pages . 1 fr. 50 c.

Résultats statistiques du Recensement des industries et professions (Dénombrement général de la population du 28 mars 1896).
— Tome I. *Introduction. Région de Paris au Nord et à l'Est* (15 départements). 1899. 1 volume de 855 pages . . . . 10 fr.
— Tome II. *Région du Sud-Est* (27 départements). 1900. 1 volume
de 809 pages . . . . 10 fr.
— Tome III. *Région de l'Ouest au Midi* (45 départements). 1900. Un
volume de 743 pages. . . . . 10 fr.
— Tome IV. *Résultats généraux.* 1902. 1 volume de 440 pages. 10 fr.

**Répartition des Forces motrices à vapeur et hydrauliques en
1899.** Tome 1er. *Moteurs à vapeur.* 1900. 1 vol. de 209 pages. 3 fr. 50 c.
— Tome II. *Moteurs hydrauliques.* 1901. 1 vol. de 223 p. 3 fr. 50 c.

Bases statistiques de l'Assurance contre les accidents, d'après les
résultats de l'assurance obligatoire en Allemagne et en Autriche.
1900. Un volume de 234 pages. . . . . 2 fr.

**Résultats statistiques de l'Assurance obligatoire contre la maladie
en Allemagne.** 1 volume de 184 pages . . . . 1 fr. 50 c.

Résultats statistiques de l'Assurance contre la maladie en Autriche.
1893. 1 volume de 147 pages. . . . . 1 fr. 50 c.

Étude sur les derniers résultats des Assurances sociales en Allemagne et en Autriche-Hongrie :
— Ire partie : *Accidents.* 1891. 1 volume de 180 pages. . 1 fr. 50 c.
— IIe partie : *Maladie, invalidité, vieillesse.* 1895. 1 vol. de 229 p. 2 fr.

Poisons industriels. 1901. 1 volume de 459 pages . . . . . . 3 fr.

Statistique des Grèves et des recours à la conciliation et à l'arbitrage.
— Années 1890-1891. 1 volume grand in-8 de 123 pages. 1 fr. 50 c.
— — 1892. 1 volume de 186 pages. . . . . 1 fr. 50 c.
— — 1893. 1 volume de 425 pages . . . . (*Épuisé.*)
— Années 1894, 1895, 1896, 1897, 1898. 5 volumes, chacun . . 3 fr.
— — 1899. 1 volume de 649 pages. . . . . 3 fr. 50 c.
— — 1900. 1 volume de 635 pages. . . . . 3 fr. 50 c.

**Résultats statistiques du Dénombrement général de la population
de 1891.** 1 vol. de 824 p., avec 56 diagrammes et cartogrammes. 15 fr.

**Résultats statistiques du Dénombrement des étrangers en France
en 1891.** 1 volume de 319 pages, avec cartes et diagrammes. 7 fr. 50 c.

Résultats statistiques du Dénombrement de 1896. 1899. 1 volume
de 491 pages, avec 13 diagrammes et cartogrammes . . 7 fr. 50 c.

Annuaire statistique de la France. *Quinzième volume,* 1892-1893-
1894. — 1 volume de 833 pages . . . . 8 fr.
— *Seizième volume,* 1895-1896. — 1 volume de 680 pages . . . 8 fr.
— *Dix-septième volume,* 1897. — *Dix-huitième volume,* 1898. — *Dix-
neuvième volume,* 1899. — *Vingtième volume,* 1900. — *Vingt et unième
volume,* 1901. — 5 volumes, chacun . . . . 7 fr. 50 c.

Statistique annuelle du mouvement de la Population et des institutions d'Assistance. *Années 1890-1891-1892.* 1 volume de 641
pages. . . . . 7 fr. 50 c.
— *Années 1893, 1894, 1895 et 1896.* 4 volumes, chacun . . . . 5 fr.
— *Année 1897.* 1 volume de 305 pages . . . . 6 fr.
— *Année 1898.* 1 volume de 209 pages. . . . . 5 fr.

Statistique annuelle du mouvement de la Population. *Années 1899-
1900.* 1 volume de 313 pages. . . . . 5 fr.

Statistique annuelle des institutions d'Assistance. *Années 1899-
1900.* 1 volume de 211 pages. . . . . 5 fr.